跨国企业社交媒体话语管理与沟通策略研究

胡 璐 / 著

中国原子能出版社
China Atomic Energy Press

图书在版编目(CIP)数据

跨国企业社交媒体话语管理与沟通策略研究 / 胡璐著. -- 北京：中国原子能出版社, 2020.4 （2021. 9重印）
ISBN 978-7-5221-0497-3

Ⅰ. ①跨… Ⅱ. ①胡… Ⅲ. ①传播媒介 - 作用 - 跨国公司 - 企业管理 - 宣传工作 - 研究 Ⅳ. ①F276.7

中国版本图书馆CIP数据核字(2020)第056070号

跨国企业社交媒体话语管理与沟通策略研究

出　　版　中国原子能出版社(北京市海淀区阜成路43号 100048)
责任编辑　蒋焱兰(邮箱:ylj44@126.com QQ:419148731)
特约编辑　刘　锋　李　宏
印　　刷　三河市南阳印刷有限公司
经　　销　全国新华书店
开　　本　787mm × 1092mm 1/16
印　　张　8.25
字　　数　120千字
版　　次　2020年4月第1版　　2021年9月第2次印刷
书　　号　ISBN 978-7-5221-0497-3
定　　价　45.00元

出版社网址:http://www.aep.com.cn　E-mail:atomep123@126.com
发行电话:010-68452845

前言

PREFACE

目前，大部分跨国企业顺应时代要求，积极运用推特（Twitter）、脸书（Facebook）、微博（Microblog）和优兔（YouTube）等社交媒体。这也为网络语言的传播和沟通研究提供了崭新的语料。本书首先介绍了社交媒体的概念、发展历程、种类，并且对比了新兴的社交媒体和传统媒体的异同，其次分析了中西方社交媒体使用现状和趋势。第三章对话语分析的研究内容和方法做了详细的论述。最后引入近年来跨国企业的社交媒体话语实例，探讨话语管理与沟通的具体策略。

本专著为四川省教育厅人文社科重点研究基地四川网络文化研究中心资助科研项目“英美跨国企业社交媒体话语管理与沟通研究”（WLWH19-9）以及中央高校基本科研业务费项目“新时代高校劳动教育的内涵和路径研究”的阶段性成果。

目录

CONTENTS

第一章 社交媒体

第一节 概念

社交媒体(Social Media)指互联网上基于用户关系的内容生产与交换平台。社交媒体是人们彼此之间用来分享意见、见解、经验和观点的工具和平台,现阶段主要包括社交网站、微博、微信、博客、论坛、播客等等。社交媒体在互联网的沃土上蓬勃发展,其传播的信息已成为人们浏览互联网的重要内容,不仅制造了人们社交生活中争相讨论的一个又一个热门话题,进而吸引传统媒体的争相跟进。

社交媒体是大批网民自发贡献、提取、创造新闻资讯,然后传播的过程。有两点需要强调,一个人数众多,一个是自发的传播,如果缺乏这两点因素的任何一点就不会构成社交媒体的范畴。社交媒体的产生依赖的是WEB2.0的发展,如果网络不赋予网民更多的主动权,社交媒体就失去了群众基础和技术支持,失去了根基。如果没有技术支撑那么多的互动模式,那么多互动的产品,网民的需求只能被压制无法释放。如果没有意识到网民对于自我表达的强烈愿望,也不会催生那么多眼花缭乱的技术。社交媒体正是基于群众基础和技术支持才得以发展。

互联网上各种社交媒体大行其道,从博客、微博、即时通讯工具到社交网络平台,不仅提供了丰富的资讯来源和便捷的交流途径,还促进了人们在社会化关系上的发展,社交媒体已经成为大众生活中不可或缺的关键存在。根据2019年的企业数据,脸书的全球用户人数高达

25亿，微信的用户人数高达11亿，全球用户每天在YouTube上观看的视频影片超过10亿小时。中国互联网信息中心的数据显示，2019年90%的中国网民通过社交媒体获取资讯，在社交媒体上参与新闻评论的数字约为60%，通过转发和分享进行资讯传播的数字达到40%。社交媒体在使用时间和功能作用上正在施压传统的大众媒体，社交媒体营销不仅可以接触到庞大的消费者群体，而且通过用户自主参与和双向互动，比单向对话机制的传统广告方式能更有效地建立信赖关系、提升消费者购买意愿，现代企业需要思考如何创新和变革传统的营销策略和实践，去服务社交媒体经济形态下的消费者需求，提升企业营销的效率和效益。

全球范围内，很多企业已经通过参与和运营各种社交媒体应用，来建立自身在社交媒体经济中的存在感和影响力，近年来全球企业在社交媒体营销方面的投入正迅速增长。根据2016年社交媒体营销行业报告的内容，企业营销人员中有60%以上的人每周投入社交媒体营销的时间超过6小时，近40%的人超过11小时；社交媒体营销有助于企业曝光增加、提高访问流量、获取正面回应和建立忠诚粉丝关系；90%以上的企业在社交媒体上进行广告。同时，越来越多企业也感受到社交媒体营销正在变得困难，譬如庞大用户流量中存在着相当比例的无效甚至虚假流量、企业对于应对社交媒体上的负面舆论缺乏计划和应对、企业进行全面社交营销有失控风险等。忽视社交媒体营销的复杂性，企业简单跟风、模仿同业的经验或者成功故事，难免就会有“成事不足、败事有余”的隐忧。

伴随着社交媒体逐渐成为市场“大气候”的进程，企业需要认识到社交媒体上的用户行为正在转变甚至重塑消费者行为，消费者从感知商品、收集资料、形成意愿和决策的过程中，可以在不同媒体的应用中切换。许多学术研究和市场调查的结果都显示消费者正越来越多地使用社交媒体来搜索发现商品和收集商品资讯，在购买前会尝试从社交媒体中获取信息和了解口碑。

凭借庞大的受众人群、便捷的信息流通、自主的用户资讯和连通的社交关系，社交媒体一般被认为是成本低、效应高的大众传播方式，在消费者的认知和决策过程中扮演越来越关键的角色。紧扣“服务消费者价值”的营销目的和“资讯自主和社交互动”的商业内涵，社交媒体营销的关键价值主要存在于以下四个方面。

社交媒体营销的关键价值之一：增加对消费者的认识。社交媒体上以用户为中心的自发行为和自主内容，提供了准确描绘消费者轮廓的信息机会，帮助掌握关于消费者的整体信息，从人口特征、消费心理、需求和行为，乃至经历和体验。相较于传统的市场调查方法，社交媒体上的消费者信息能够兼顾即时响应和延时存在，融合个性意见和社群意识，关联个人化的需求意愿和情境影响等优势，提升企业收集和分析消费者资讯的营销活动的便利性、可靠性和有用性，帮助企业实施焦点客群研究和服务持续改进①。

社交媒体营销的关键价值之二：发展与消费者的关系。社交媒体上的企业通过双向的对话沟通，不仅能增加对消费者的认识，而且让企业得以在消费者熟悉的个人情境中建立“私人”的联系，在交流互动中即时响应和主动服务消费者的需求，紧密企业与消费者的关系，增强消费者对企业的亲近和信任。社交媒体的网络连通性又使得点对点的互动关系不断延伸扩张，能够跨越平台和渠道将个性化的内容和分散的资源，形成即时同步、合作共享和平等均衡的社会网络关系，支持企业打造组织内外全面连通的社交网络和社群关系。

社交媒体营销的关键价值之三：开发社交媒体上的群体智慧。社交媒体通过促进自主行为、增强人际互动和拓展社会关系，构建出开放、流通、多样的社交关系环境，个人智慧通过交流分享和协同作业的机制，有望催生出具备加乘效应的群体智慧。企业得以打破组织边

①常宁．热点：社交媒体内容运营逻辑[M]．杭州：浙江大学出版社，2018.

界，进行广阔空间和多元关系内的人员互动和集体合作，发展内外部资源合力的群体智慧，从中总结经验、汲取知识、产生创意，去支持企业的商业决策和价值活动，譬如创新企业产品、改进客户服务和解决企业问题，从而改善企业的竞争优势状况。

社交媒体营销的关键价值之四：发挥社会化口碑效应。社会化关系中的消费者，有参考他人意见的基本需要，又有出于信任和依赖的原因，消费者会更重视社交圈中的以及有名望的人物的观点。社交媒体经济中，用户自主创建发布的口碑能与商品同步，而且消费者的社交网络关系近乎无限的拓展，消费者可以直接与使用者进行交流和互动，用户口碑在社交化的过程中具有开放性、透明性和多元性的特质，而用户口碑的非商业性、基于使用经验、贴近用户视角等优势让消费者更易采信，从而影响到消费者的意愿和决策。

普通消费者既是社交媒体上自我中心的小人物，又能成为风起青萍之末的发起点，不同于过去企业计划、实施的传统营销范式（策略、内容、手段、时机、频率等），资讯自主的消费者的个人意见得到社会关系网络的支持，经过分享、传递、再造的信息传播过程可以形成重要的社会影响力。社交媒体营销让企业有机会去“近距离”接触消费者，挖掘用户生成内容和社交互动活动中蕴含的丰富商业意义，企业社交媒体营销实践的重心可以落在以下五个方向：一是通过社交媒体形成的大网络去监控市场，观察行业的动态，倾听消费者的声音；二是掌握时机去主动参与和干预社交媒体上的事件，突破空间和时间的障碍发挥企业的社会影响力；三是通过社群去获取、分享和传播知识，帮助企业识别市场机会，进行消费者为中心的服务创新；四是建设企业与消费者、消费者间的关系网络，培养信任和依赖，提升消费者的企业认知和品牌识别；五是促进消费者的主动参与和投入，善用社群效应和群体智慧，发展协同作业和伙伴关系。

社交媒体研究和咨询公司 Trendstream 创始人、市场研究公司优势麦肯(Universal Mc-Cann)前消费趋势主管汤姆·史密斯(Tom Smith)曾撰文对大企业融入社交媒体之后为消费者带来的八大好处进行了分析。

(一)社交媒体推动企业信息透明化

社交媒体比以往任何一次技术革新更能够促进企业的协作精神，从而使得所有的公司和组织都能够处于公众的监督之下。企业对社交媒体积极性越高,其透明度就越高。例如,惠普的员工博客计划使得外界能够更好地洞察惠普的内部状况。沃尔玛等公司甚至还邀请客户来撰写博客。

在未融入社交媒体之前,大型企业很难与用户进行互动,也就无法获取反馈。融入社交媒体后,用户可以直达企业高层。除此之外，所有的企业面对环境问题、产品标准以及消费者和员工权益等问题时,也不得不更加慎重。

(二)社交媒体提升产品质量

社交媒体使得所有消费者都可以针对产品发表评论并提出批评，因此厂商的产品必须有过硬的质量。产品质量不过关的厂商将会被曝光并最终失败。这也是为什么好的产品往往在传统营销上投入的资金更少的原因所在。社交媒体的存在使得优秀的产品能够获得自己用户和粉丝的追捧。

(三)社交媒体可以提供优秀的客服渠道

看看维珍美国航空公司(Virgin America)是怎么利用Twitter的吧。如果你的航班有问题,只需要在Twitter上向维珍的客服人员求助即可。这种服务具有很强的前瞻性。

(四)社交媒体能够创造消费者真正需要的产品

星巴克、戴尔和宝洁都采取了这种模式,听取用户的意见和反馈，并借此创造更好的产品。大型企业对此越积极,就越能促进这种模式的发展。

（五）消费者可自主控制社交关系

你可以选择关注英特尔或福特的员工，至于是否需要加入他们的社区则完全由你做主。这与传统媒体产生了鲜明的对比，在传统媒体中，你完全无法控制自己与大型公司之间的关系。

（六）免费接触大型企业

企业建立平台、网站和服务通常都是为了赚钱和建立业务，但它们大部分都对用户免费开放。在很多情况下，这些服务都是依靠广告费和赞助费等形式来获取收入的。

（七）大型企业可借社交媒体提供有趣的资讯

如果某些品牌希望通过社交平台来发布视频且做法得当，那么消费者就可以从中获得资讯。比如可口可乐在其博客上发布的公司发展史以及耐克在YouTube上发布的足球视频。

（八）用户主宰内容和互动

社交媒体上的许多交流都与大企业有关，这一点并不奇怪。无论是否出于自愿，大型企业已经实实在在地参与到社交媒体之中。

拥有这么多优势的社交媒体，成为当今社会炙手可热的企业新宠。但是，人们在追捧社交媒体的同时，也存在一些认识上的误区和疑问。

误区一：仅适合某些品牌

社交媒体是否只适合网络服务或是那些比较酷的产品？答案是否定的。只要能够在特定的平台内找到自己的目标受众，并以有效的方式与之进行交流互动，社交媒体就适合所有的品牌。当然，为苹果制定推广计划肯定要比一家小公司更加令人兴奋。但是只要能够找到适合自己的社交媒体和博客推广方法，这两个品牌都将获得惊人的效果，包括：品牌认知、轰动效应、流量、用户忠诚度以及收入。

事实上，较为“乏味”的品牌通过社交媒体获得的推广通常是最好，利用社交网络进行推广后，这类产品的受欢迎程度将会发生实质性的变化,而相对炫酷的产品反而很难达到这种效果。被软件公司Intuit以1.7亿美元收购的个人理财网站Mint就是很好的例子。Mint虽然并非最有趣的创业公司,但利用社交网络获得很好的推广效果。它利用社交网络来为自己的品牌营造声势,并通过博客为用户提供许多小贴士和有趣的内容。此举也吸引了许多用户和博客读者自愿推广Mint的品牌。

误区二:可以快速获得流量

社交媒体营销是一项长期任务,需要花费大量时间。一旦一个品牌进入Facebook或MySpace中,就必须要花费时间来建立自己的品牌社区。冰冻三尺,非一日之寒,Facebook的社区建设也是如此。如果想要获得有效的方法,而不仅仅是散发垃圾信息,就必须通过会话式的推广与用户打成一片。会话式营销的关键在于与社区交流信息,加强对用户偏好的了解,先听后说,而且还要根据用户的反馈做出反应。

有些企业认为,只要建立一个Facebook页面,就可以在一夜之间吸引数万用户访问其网站。实际上,这种想法是错误的。使用社交媒体进行自我推广的品牌会发现,随着时间的推移,网站的流量在稳步提升,原因在于,随着粉丝数量、相关Twitter信息以及博客文章的增多,该品牌在社交网络中的曝光率也在逐渐增加。

想要增加品牌在网上的曝光率有许多方法。例如,可以在网站上为用户创建强大的社交激励措施,以此鼓励用户为品牌做推广,从而加强品牌的公众认同度。但在吸引数以万计的用户访问自己的网站之前,首先要做好两件事情:忠诚度颇高的网络社区;和一个强大的刺激系统以增强品牌认同。这两件事情都需要花费一定的时间才能完成。

误区三:会降低品牌形象

企业的高管经常会认为,一旦在Facebook上建立页面,员工就无法对局面加以控制,从而出现许多对品牌形象不利的信息。大企业的高管尤其担心这种情况。如今,不光会有喜欢某品牌的人发表的正面信息,还会有很多讨厌该品牌的人发表负面信息。实际上,建立Facebook页面本身并不会改变这种现状。问题在于:你是否愿意成为这种交流中的一员?如果参与到社交网络和博客中,就表明你的品牌在乎用户的反馈,而且愿意倾听并满足用户的需求。

企业可以通过Twitter等社交媒体实现实时客服,这是其他媒体难以企及的。Zappos和戴尔等企业在这方面起到了很好的表率作用。企业不应当害怕与用户在线进行真诚而透明的交流,反而应当害怕忽视了用户的抱怨,没有在事情恶化之前将损失降到最低。

误区四:只是昙花一现

经常有人说,社交网络只能流行一时。由于人类渴望与他人交流,所以社交媒体是一次不可避免的数字化革命。只要我们是人类,就无法摒弃这种交流的欲望。说社交媒体只能流行一时,就好比说人与人之间的交流只能流行一时。以下的统计数据或许可以帮助这些人改变观念:全球三分之二的网民会访问社交网络,而社交网络的访问时间增速是互联网访问时间增速的3倍。社交网络的访问时间在互联网访问时间中的占比约为10%。

误区五:无需专业人士

许多企业高管认为,不需要聘请专业人士来帮助其处理社交媒体活动。他们通常会聘用每周只有几小时空余时间的学生来完成这一工作。一家公司在使用社交网络时需要小心翼翼地制定决策,但真正使用起来却只为了节约一点资金而聘用那些有可能在几个小时内损害其品牌形象的学生来运作社交网络活动,这的确令人难以置信。

想要进行充分的互动以达到效果并获取成功,企业应该使用专业的社交网络服务,至少在最初的几个月内可以借此理解每个社区的规则。Facebook、Twitter、Mixx和Bebo这些社区都有自己的一套规则,而想要在这些社区中顺利推广自己的品牌就必须遵守这些规则。正如企业通常会首先咨询公关专业人士之后才会采取公关行动一样，使用社交媒体之前也应当首先咨询社交媒体专家。笔者认为通过一段时间的训练，品牌可以独自运作社交媒体，但绝对不能跳过这一阶段，否则一定会弊大于利。

第二节　发展历程

自古到今，社交媒体网络系统层出不穷，在人类历史的大部分时间内，社交关系网是新思想和新信息传播的主要手段。不管是哪种形式的社交媒体网络，这些媒体系统的力量、传播范围和包容性是一直在稳步增长的。

公元前51年7月，古罗马政治家兼演说家西塞罗被迫远离罗马就任西里西亚的地区行政官，启程之前，他叮嘱朋友兼门生鲁弗斯每天给他写信，同时务必把每天的《每日纪事》抄本送给他。那时的罗马人会把罗马共和国中心的消息传播给自己社交圈子里的人，比如与朋友分享信件、演讲词和《每日纪事》的摘要。西塞罗和罗马精英阶层靠着他们社交圈子的收集信息，有时还会抄写转寄信件，并附上自己的评注。这个“西塞罗的网络”就好比今天“西塞罗的朋友圈”。

《每日纪事》作为一种介质，承担了如今社交媒体所承担的角色。英国《经济学人》杂志数字编辑汤姆·斯丹迪奇认为，除了《每日纪事》，像16世纪宗教改革发动时的印刷小册子、都铎王朝和斯图亚特王朝宫廷中交流和抄录留言的诗作、启蒙时期人们在咖啡馆阅读的大量新闻报告和小册子，以及法国大革命前把各种留言散布到全国的诗作和新闻稿等，都承担了这一角色。人们在这些介质上发表看法和抄写转寄的过程，极其类似于当今社交媒体的留言、评论和转发功能。

技术的发展是社交媒体网络系统层出不穷的最主要原因，越来越发达的技术为人们想要传递信息的多少、内容和方式，以及传播的范围和影响力提供了无限的可能。古罗马时期的书籍和信件是写在莎草纸上的，而当时的百姓使用的却是另一种媒介形式——街道两旁的涂鸦。后来，古登堡创造的印刷机器比手工抄录快了100多倍，这一技术创新使得平民也方便使用，思想也比过去的任何时候都更加迅速地复制和传播。

社交媒体的演化史就像是人类文明进步的一面镜子。这里，笔者将近代社交媒体的发展进程做一个详细的梳理。

1971年，人类第一封电子邮件诞生。ARPA项目的科学家发出世界第一封电子邮件，使用“@”区分用户名与地址。其缘起就是为了方便阿帕网（ARPANET）项目的科学家们互相之间分享研究成果。

1979年，新闻组（usenet）诞生，他们阅读并传播电子公告板上的内容，并组成数千个“群”在公告板上讨论科学、音乐、文学和体育。

1991年，伯纳斯·李经过多年实践和改进，创办了以“超链接”为特征的万维网（WWW）。其缘起也是来自于伯纳斯·李（Tim Berners-Lee）创造的“超链接”传输方式，他早在1980年就开始构建超文本在线编辑数据库ENQUIRE项目。

1994年，斯沃斯莫尔学院（Swarthmore College）学生Justin Hall建立自己的个人站点“Justin's Links from the Underground”，与外部网络开始互联。Justin Hall把这个站点更新了11年，因为被称为“个人博客元勋”（founding father）。

1995年，Classmates.com成立，旨在帮助曾经的幼儿园同学、小学同学、初中同学、高中同学、大学同学重新取得联系；Classmates.com在2008年的时候还拥有5000万会员，到2010年才跌出社交网站TOP10。这里有一个罗曼蒂克的鲜活例子：Ray Sears在Classmates.com上找到了自己七年级的女友，他通过站内信息工具问她还记不记得他，她回答“我怎能忘记我的初恋”。于是两人走进了婚姻的殿堂，并生下两子。

1996年，早期搜索引擎Ask.com上线，它允许人们用自然语言提问，而非关键词（比如："今天上映什么电影"，而不是"10月23日电影上映"）。

1997年，美国在线实时交流工具AIM上线；在这一年，一位名为Jorn Barge的先锋博客作者创造了"weblog"一词。

1998年，在线日记社区Open Diary上线，它允许人们即使不懂HTML知识也可以发布公开或私密日记。更重要的是，它首次实现人们可以在别人的日志里进行评论回复。

1999年，博客工具Blogger和LiveJourna出现；后来Blogger在2003年被Google收购，但该产品目前仍然存在——全球科技公司之间的专利站捧红的FOSS Patent就是用Blogger建的网站。

2000年，Jimmy Wales和Larry Sanger共同成立Wikipedia，这是全球首个开源、在线、协作而成的百科全书，完全不同于《大英百科全书》的编撰方式。Wiki的用户在第一年就贡献了20000个在线词条。目前维基百科仍然坚持募捐的方式筹措运营资金，2011年底他们募集2000万美元来维持2012年的运营。

2001年，Meetup.com网站成立，专注于线下交友。这个网站大家应该比较陌生，但是如果告诉你这个有着12年历史的网站，现在每月还有34万个群组举行线下活动，你应该会感到诧异了。网站的创建者是Scott Heiferman，2001年"9·11"事件以后，他成立了Meetup.com来帮助人们互相联系——而且不只是线上的。Meetup.com是一个兴趣交友网站，他鼓励人们走出各自孤立的家门，去与志趣相投者交友、聊天。现在它每月会有34万个群组在当地社区进行聚会，一起吃喝玩乐、聊天、社交甚至学习。

2002年，Friendster上线，这是首家用户规模达到100万的社交网络。Friendster开创了通过个人主页进行交友的先河，在它两年之后，Facebook正式在哈佛大学寝室上线。目前在Facebook的攻势下，Friendster在全球范围内基本式微，不过在印尼和菲律宾仍然受欢迎——有意思的是，Facebook在这两个国家也极其受欢迎，看来东南亚人民有强烈的社交欲望。

2003年，面向青少年和青年群体的MySpace上线，它再一次刷新了社交网络的成长速度：一个月注册量突破100万。MySpace发展到管理者不加规范，以致难以扩大用户，最终被出售。如果说2005年卖给新闻集团的5.8亿象征着它是未来的新星，那么2011年3500万美元贱卖给广告商则意味着这颗流量陨落。

2003年上线的还有WordPress，它由全球各地的几百名网友通过在线协作创建，目前在全球已经拥有数千万用户——截至2011年12月，发布一年的WordPress 3.0获得了6500万次下载。与WordPress相关的故事不计其数，信息图中讲到它帮助一个自闭症女孩走出病症的故事，这个叫Carly Fleishmann通过在电脑上敲打文字的方式使自己摆脱了自闭症；随后她创办了Carly's Voice的WordPress个人博客，帮助其他人摆脱自闭症。

2004年，Facebook成立，根据2012年7月Facebook上市后的首份财报，Facebook目前每月有9.55亿用户活跃用户（MAU），每月移动平台活跃用户数有5.43亿。

2004年同年创立的还有flickr，现在它依然是非常活跃的图片社区，只不过东家已经变成了雅虎。

2005年，YouTube成立，它在成立后迅速被Google相中，2006年从Google那里得到的收购价是16.5亿美元。

2006年，Twitter成立，由于它内容限制在140字以内，它迅速成为方便的交流工具和强大的自媒体平台。

2006年成立的还有Spotify，它现在是社交音乐分享型应用的典型，拥有1500万MAU和400万付费用户。

2007年，轻博客平台Tumblr成立，目前该平台上有7700万个博客；

根据2011年7月的数据，该网站每月的独立访问量是1340万。信息图中举到一个例子，一个名叫Ana White的女木匠在Tumblr上开通博客分享自己对木匠工作的喜爱，现在她的博客每月访问量有300万，所获得的广告收入足以养家。

2008年，Groupon上线，是国际上最大的团购网站，但近一年股价跌逾80%，一直走下坡路。

2009年，Foursquare上线，以“签到”(check-in)组建基于地理位置的社交网络，Foursquare成立于纽约市，每年4月16日在纽约拥有一个独特的“4SQ日”。截至今年4月，Foursquare拥有2000万注册用户数。

2010年，Google围绕最成功的产品Gmail推出微博客和沟通工具Google Buzz上线，但这是一个失败的产品，2011年12月15日彻底被Google终结。

2011年，Google Buzz的继承者Google+上线，根据今年9月的数据，Google+目前拥有4亿注册用户，每月1亿活跃用户。

2012年Pinterest呈现爆发式增长(很大一部分原因是它在2011年底被TechCrunch评为“年度最佳创业公司”，它是目前网站史上最快达到1000万独立访客的网站。

2013，以13至23岁用户为目标的Snapchat获得两轮融资，成为新型社交形态开创者。

2014，Facebook以190亿美元的高价收购手机社交软件Whats App。

2015，Facebook在法国巴黎开设人工智能研究实验室。

2019年11月12日，Facebook在官方博客上宣布正式推出移动支付服务Facebook Pay。

第三节　种类

社交媒体是人们彼此之间用来分享意见、见解、经验和观点的工具和平台，在互联网的沃土上蓬勃发展，爆发出令人眩目的能量，其传播的信息已成为人们浏览互联网的重要内容。那么，社交媒体的具体分类有哪些哩？

一、中国社交媒体网站简介

（一）BBS

BBS（Bulletin Board System）即计算机电子公告牌系统或电子布告栏系统，在20世纪80年代起初用来互联网用户之间进行网络通信和信息交流，每个用户都可以在其提供的一块公共电子白板上面书写文字，用来发布信息、提出建议或看法。当时的应用主要有发布新闻、交易信息、个人感想等以及互动式问答。之后随着Web服务的快速发展，BBS开始侧重主题性和交流性，逐渐发展成为网络论坛。目前的BBS站点，多数是基于Internet的Telnet协议。

（二）网络论坛

社交媒体起源于网络论坛（Forum），而网络论坛又起源于BBS。二十世纪九十年代末国内网络论坛开始慢慢兴起，各类门户或专题网站

为了增强互动性功能、丰富网站内容，都纷纷开设自己的论坛，促进网友之间的交流。主要熟知的网络论坛有猫扑、西祠胡同、天涯等。

（三）网络社区

网络社区（Network Community）是指包括BBS/论坛、贴吧、公告栏、群组讨论、在线聊天、交友、个人空间、无线增值服务等形式在内的网上交流空间，同一主题的网络社区集中了具有共同兴趣的访问者。网络社区很像现实社会的社区，包含场所、人群、组织等组成因素。

（四）SNS

SNS（Social Networking Services）是指社会性网络服务，旨在帮助人们建立社会性网络的互联网应用服务。SNS（Social Net-work Software）即社交网络软件，是一种采用P2P分布式技术构建的基于个人的网络基础软件。

（五）QQ

1999年由腾讯自主开发的基于Internet的即时通信网络软件，支持在线聊天、视频通话、点对点断点续传文件、共享文件、网络硬盘、自定义面板、QQ空间、QQ邮箱等多种功能，并可与多种通讯终端相连。

（六）微博

微博（MicroBlog）即微型博客，由效仿Twitter发展而来，基于用户关系进行信息分享、传播以及获取，通过关注机制对简短实时信息进行分享，一种广播式社交网络平台。它开始以140字以内的文字更新信息，并实现即时分享。现在不仅有图文，还可以有视频、音频及各种功能，目前是国内最大的社交媒体网络平台和公共信息发布平台。第42次《中国互联网络发展状况统计报告》（CNNIC公布）显示，截至2016年我国微博用户规模为3.37亿，网民使用率为42.1%。

（七）微信

微信（WeChat）微信是由Skype发展而来，是2011年腾讯开发推出的一款通过网络快速发送语音短信、视频、图片和文字的手机聊天软件，可支持多人群聊。用户可以通过微信与好友进行形式上更加丰富的类似于短信、彩信等方式的联系。截至2018年6月我国微信朋友圈的使用率为86.9%。

二、英美社交媒体网站简介

2007年至2011年，英美国家社交媒体业界的发展也处于一个稳步发展的时期。2006年，Twitter正式上线、Facebook面向全网开放等具有里程碑意义的业界大事纷至沓来。笔者结合近五年来英美主流年度媒体报告和各大国际传媒集团年报等权威资料,现将英美主流社交媒体网站简要概括如下。

(一)Facebook

社交网络服务网站,2004年2月4日上线,全球网站排名第1位谷歌全球网站排名第2,而百度为第5,在国内的模仿者有人人网、开心网等。

(二)YouTube

视频分享网站,2005年2月14日创站,全球网站排名第3位,在国内的模仿者有优酷、土豆、56等。

(三)Twitter

社交微博网站,2006年6月上线,全球网站排名第8位,新浪微博全球排名35,在国内的模仿者有新浪微博、腾讯微博等。

(四)Linkedin

职业性社交网站,2002年12月成立,全球网站排名第13位,在国内几乎没有成功的模仿者,勉强开心网算是,但开心网的娱乐性过强导致类Facebook而非Linkedin。

(五)Tumblr

最流行的轻博客平台,2007年成立,全球排名第36位,该产品将博客演变成一种意识流式的琐碎叙述,日志短小精悍、触发点十分随意——可以是一幅照片、一段视频、一节引言、一条链接甚至一个闪念,国内模仿者如点点、Lofter、新浪轻博客等。

(六)Pinterest

图片分享社区网站,2010年3月上线,全球网站排名第38位,在国内没有纯粹的成功模仿者,而美丽说、蘑菇街模式却是借鉴了这家网站。

(七)Google+

社交网络服务网站，与Facebook的不同在于以圈子(群体)为中心，上线，全球流量排名约在100位左右。

(八)Badoo

交友约会社交网站，成立于2006年，全球排名第133位，其最大优势之一就是让用户直接操控自己的观众数量，与竞争对手Facebook不同的是，Badoo对商业广告进行了阻止，其收入主要来自向会员收费。其中的概念是人们想使自己的个人内容有更广泛的受众，并愿意为此付费。为了使这一过程简单，Badoo对用户的收费根据地域来进行，国内尚无知名模仿。

(九)DeviantArt

艺术家分享和展示其作品的在线社区，成立于2000年8月7日，全球排名第139位，国内尚无知名模仿者。

(十)MySpace

在线交友平台，2003年9月成立，全球网站排名第183位，成立初级非常火，2007年9月Pages per Visit(每次访问页数)才被Facebook超越，而Reach daily(每日访问量)更是在2009年年初才被超越。

(十一)Tagged

本地约会社交网站，2004年成立，全球网站排名第239位，国内尚无知名原版模仿者。

(十二)Orkut

同样是谷歌旗下社交网站，全球排名第504位。

(十三)MyYearbook

青少年社交网站又称MeetMe，2005年4月网站开张，全球排名第993位，服务对象为13至22岁的青少年，国内无知名原版模仿者。

(十四)CafeMom

妈妈级社交网站,创立于2006年年底,目前全球女性访问量最高的网站,全球排名第1223位,该网站提供针对年轻母亲的心理咨询、交友、娱乐,并有多个会话主题,包括如何抚养孩子,家庭婚姻、人际关系、婴儿食谱等,国内尚无知名模仿者。

(十五)Classmates

寻找老同学的校友类网站,全球排名第1368位,国内尚无知名模仿者。

(十六)Club Penguin

针对孩子的迪士尼社交网络,成立于2007年1月26日,全球排名第1888位,该儿童社区是需要付费的,大约每月需要人民币40元左右,国内无知名模仿者。

(十七)MyLife

人物信息搜索网站,由Reunion和Wink于2009年年初合并而成,全球排名第1920位,需要用户创建个人资料才能得到结果,网站搜集Facebook、Linkedin和MySpace等社交网络的人物信息供用户搜索,同时帮助用户在其网站上同时与各大社交网络好友交流,国内尚无知名模仿者。

(十八)Gaia Online

以动漫为主题的社交网络,全球排名第5205位。

(十九)BlackPlanet

专注于非洲裔美国人的社交网络,属于Radio One旗下,全球排名第6248位。

(二十)Fubar

在线虚拟酒吧,全球排名第6844位。

（二十一）Fantage

针对孩子的卡通社交网站，成立于2007年1月，全球排名第12398位，主要竞争对手是企鹅俱乐部Club Penguin，同样也是付费社区，收费和企鹅一样，主要以6到15岁的儿童为主要目标客户，小女孩居多，国内尚无知名模仿者。

（二十二）WeeWorld

针对青少年和女士的游戏社交网络，全球排名第20511位，国内尚无知名模仿者。

第四节 社交媒体和传统媒体

传统的社会大众媒体，包含新闻报纸、广播、电视、电影等，内容由业主全权编辑，追求大量生产与销售。新兴的社交媒体，多出现在网络上，内容可由用户选择或编辑，生产“分众化”或“小众化”，重视同好朋友的集结，可自行形成某种社群，例如blog、vlog、podcast、Wikipedia、Facebook、plurk、Twitter、网络论坛等。社交媒体的服务和功能更先进和多元，但费用相对便宜或免费，近用权相对普及和便利，广受现代年轻人的采用。社交媒体和传统社会媒体的明显差别如下。

一、传播结构

社交媒体和传统媒体都可以向全球传播。不过，社交媒体和传统媒体都可以向全球传播。不过,多数传统媒体呈现集权式的组织结构、生产和销售模式。社交媒体通常满足多元生产或使用的需求，而有着不同的形态。

二、使用群体

能近用传统媒体的，绝大多数都只有该媒体的政府或私人业主；

例如某大报的头条，由该报编辑室决定、某电影的集资拍摄，由政府和民间金主决定。社交媒体可让社会大众便宜或免费使用。

三、专业要求

进入传统媒体的专业门槛较高，例如需设置全职的记者、摄影师、编辑、财务部门、法律部门等，除了一定的资讯素养之外，还需要其他学科的专业素养，才能经得起消费市场的检验；尤其因为传统媒体的市场竞争激烈、营利压力大，对专业能力的要求可能会更高或更多元化。社交媒体的专业门槛相对较低，通常只要中等的资讯素养即可，加上社交媒体为争取更大的注意力经济，倾向于将社交媒体的使用界面设计得更方便更简单。

四、即时程度

一般而言，根据节目内容的规模，传统媒体常有几天、几周、几个月的制作时间，社交媒体因为偏好短小精悍的图文发布，所以制作时间减少至一天、几小时、几分钟而已。有些传统媒体正向社交媒体看齐，希望能达到新闻的随时发布。

五、修改方式

传统媒体的内容一旦发布，几乎很难修改，例如新闻报纸、广播、电视、电影等，如需答复、修正，往往要等到下一个版本，例如第二天的报纸、下次广播、下回电视、重新剪辑的电影版本，牵涉的人力和时间较多。社交媒体则常常随时随地地更新变化。

从传播学上来说，传统媒体在话语权上是比较强势，相对于网络媒体而言，容易被大众所信任。大学里有传播学、新闻学、电视编导、播音主持等专业，为传统媒体不断输送专业型人才，造就了它的专业性、即时性和互动性。即使有直播技术也无法非常迅速地播出，这是受限于传统媒体的内容产出流程；于此同时它也无法提供全民都喜欢的内容，这些是传统媒体属性的局限性。这对广告创意将会有什么影响？传统媒体是中心化媒体，因为它的强势性，可以直接让品牌来表达广告信息，完全是以品牌方的思维来做洞察和策划，高效率传播品牌信息，可以完全不管受众的任何感受，只要给消费一个购买理由即可，大多数人看奢侈品品牌广告所表达的生活方式后，脑中一片空白完全不知道在说什么。

在受众研究上，传统媒体以集体主义的人群作为画像，为品牌勾画出目标受众洞察集体受众诉求，不关心具体是哪个人，他的感受是什么，属于哪一类群体等具体特征性问题①。

在传统媒体中，品牌更容易形成品牌力，可以提高产品的溢价能力，和给消费一个公信力的背书，值得信赖的保障。

总之，传统传媒就像是基督在山顶传教，自上而下传播开来，你可以想象一个三角形，从顶端往下逐步传播。传播的渠道是固定的，平媒广电是最重要的传播渠道。在传统传媒时代，只要掌握了传播渠道，就能够将话语不断扩散出去。使得受众从听说，到喜欢，到尝试，到成为拥趸。

社交媒体交的传播则会构成回路，每一个传播点不再是单向的传播，拥有成为Hub的潜质。这种传播方式，关键点在于“说到了人的心坎儿上”，所以有四两拨千斤的效果。在社交媒体时代，只有掌握了受众的思考方式和喜欢的话题，才有可能将话题散播出去。

目前大多数4A（美国广告代理商协会）公司都说自己很擅长“互动”传播，仿佛只要沾了互动的边，就是社交媒体了。但实际上，他们的优势仍然在于内容的制造，而并非观点的传播。不难理解，在传统传媒时代，只要有了内容，花钱买好渠道即可，ROI很明显，重复多少次，GRP达到怎样的阈值就能解决一切；但在社交媒体时代，不仅内容要好，还得内容被受众所接受。有时候即使阳春白雪非常美好，也不代表会如下里巴人一样流行。所以但凡是行内人都知道，所谓4A公

①唐莉莉，杜骏飞. 微博崛起及传统媒体话语权重构[J]. 青年记者，2010(28)：71-73.

司的社交媒体运营，做到最后都跑去买粉丝、买大号，因为从骨子眼儿里他们还觉得只要多让受众知道正面信息就好，而非从内心真正接受。这是一种典型的伪互动：买渠道(大号、粉丝、名人)。另一种伪互动，是将社交媒体传播理解为和粉丝对话。为了迎合粉丝的喜好，如果不是及时跟进利用热点，就是学习他们的文化模拟受众的口吻。这样的营销方式在社会化媒体运营上屡见不鲜。最明显的结果就是大多数品牌都在卖萌，或者每天引用名人名言泼心灵鸡汤，看似成功和粉丝打成一片，实则失去了自己的个性。大多数人只记得第一个吃螃蟹的人，蜂拥而至的追随者大多会死在沙滩上。

第二章 跨国企业社交媒体的使用现状及发展趋势

许多跨国企业顺应时代需求，越来越多地利用社交媒体与消费者及时互动，维护良好关系，推销企业商品。社交媒体技术打破了传统媒体的介质垄断，让媒介权力下放至终端和用户。移动终端、社交平台、搜索引擎、流媒体网站等科技公司凭借算法、用户基量、技术优势和零边际成本，不断侵占传统媒体内容疆域。面对科技企业强大的流量保证和技术优势，众多全球一流媒体携手科技公司，谋求数字转型人口红利，扩大收益和用户基量。本章节先简要介绍中国、美国和英国社交媒体的使用概况，然后介绍在跨国企业中社交媒体的使用现状，以及推测其未来发展趋势。

第一节 中西方社交媒体使用概况

一、2018年中国社交媒体使用概况(凯度)

2018年11月28日，凯度发布了《2018中国社交媒体影响报告》。这份连续第五年发布的报告显示中国消费者认为社交媒体给他们的生活带来了更积极的影响：积极影响指数从2017年的79.8上升到了80.6，如图2-1所示。分平台来看，微信是积极影响得分下降的唯一社交媒体平台。

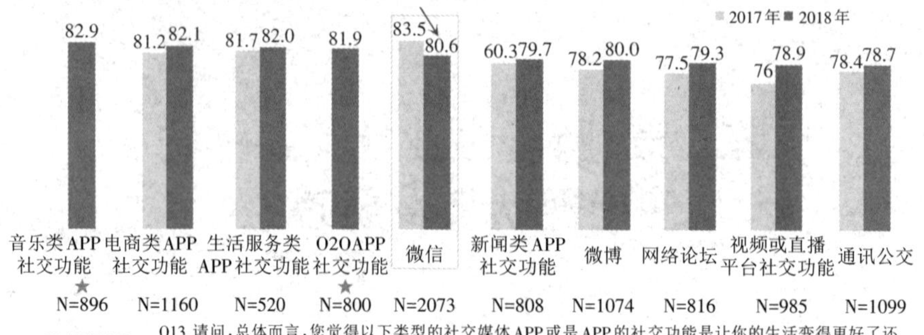

注：音乐APP的社交功能和O2O APP的社交功能是2018年新纳入评价的小分类，因此没有2017年数据比较

图2-1 各类社交媒体对用户影响的积极程度评分（百分制）

随着社交媒体生态的多元化，中国消费者认为社交媒体给生活带来了更积极的影响。积极影响指数从2017年的79.8上升到了80.6。

微信的渗透率维持在97%，但也是唯一一个积极影响得分下降的社交媒体；人们越来越认同社交媒体能够帮助做出更好的购物决策。

2018年社交媒体影响报告的主题是《认识多元化的社交媒体时代》，这正反映了中国社交媒体行业的最新趋势：多元化的用户、多元化的平台和多元化的消费者需求。

社交媒体用户的多元化首先表现在不同城市级别的用户不同：在三线城市里，25～34岁之间的社交媒体用户所占比例较一线大城市的比例低了9个百分点，如图2-2所示。这是因为三线城市里的学生和退休人群所占比较高于大城市，而这些人群的时间较为宽松，他们更有可能尝试较为花时间的社交媒体，例如短视频APP和社交购物APP。由此，这些APP从下线城市起步积累用户，然后逐步渗透入大城市。抖音和拼多多的成长路径就是最好的例证。

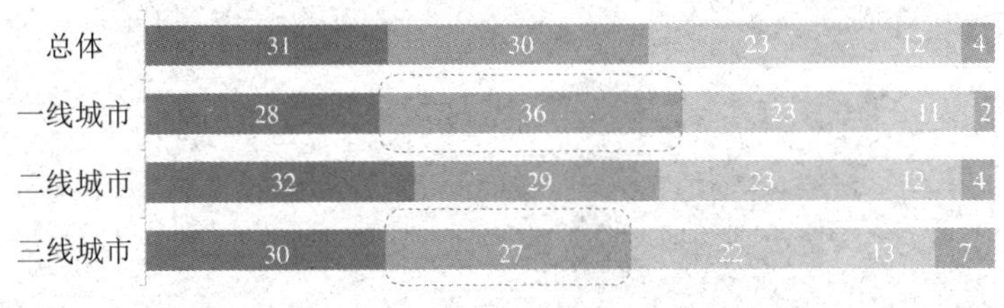

图2-2 社交媒体用户年龄分布

社交媒体平台的表现也变得多元化，虽然抖音和拼多多在2018年实现了亮眼的增长，但“老牌”社交媒体巨头，如微信和微博，由于渗透率已经在相当高的水平，几乎没有什么实质性的增长，而有些平台已经开始下降了。

凯度的手机行为大数据显示，“抖音”在网民总体中的渗透率在2018年实现大幅增长。仅在3月到8月份的六个月里，抖音在一至三线城市的月活跃用户比例从25%上升到了38%，并且在一、二、三线城市全面上涨，如图2-3所示。

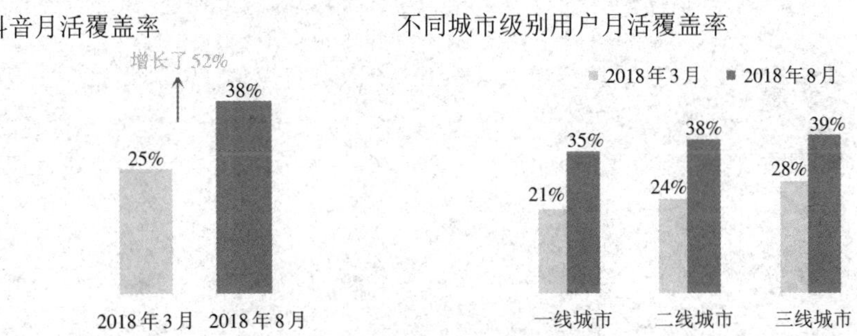

图2-3 抖音覆盖率

社交购物APP拼多多的月活跃用户渗透率在这六个月期间也实现了一、二、三线城市的全面上升：全国平均渗透率从27%上涨到了31%，三线城市依然是渗透率最高的区域，如图2-4所示。

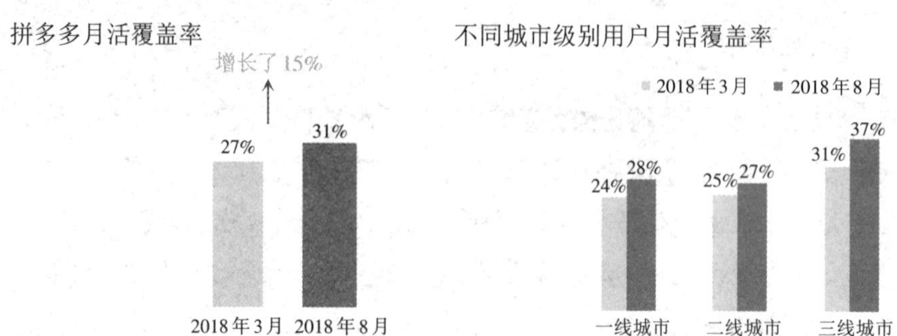

图2-4　拼多多覆盖率

随着社交媒体平台和用户的多元化，不同平台上的KOL（又称大V或意见领袖）也出现了分化。以现在最成熟的微信和微博平台为例，Kantar Media CIC分析了两个平台上九个行业的KOL表现，只有泛娱乐品类的KOL能够在微信和微博上同时与粉丝达到较高水平的互动和正面情感。不过即使是在泛娱乐类别下，没有一个KOL能同时登上微信前10和微博前10榜单，如图2-5所示。

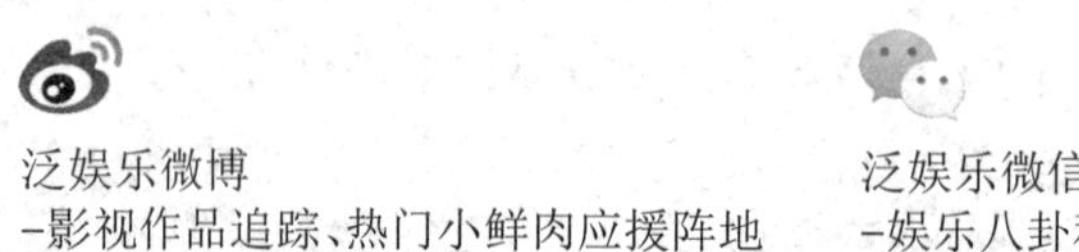

排名	微博账号	简介	微博账号互动指标
1	青春影焦圈	电视剧视频自媒体	985
2	太皇太后您有喜啦	知名电视剧博主	923
3	韩国me 2day	娱评人	909
4	烊家军	易烊千玺控场博	887
5	阿社今日营业中	偶像练习生小组日常	886

排名	微信账号	简介	微信账号互动指标
1	扒姐来了	娱乐八卦	985
2	扒爷说	娱乐八卦	981
3	圈内密探	娱乐八卦	976
4	K社	剧集介绍	975
5	姨太说	娱乐八卦	969

图2-5　KOL 表现

按整个品类的表现来看，他们在微信和微信上的表现也有差距：微博上只有泛娱乐类KOL的互动和正面情感能高于平均数，而微信上几乎所有品类的KOL都能超过平均数，只有金融理财类除外，如图2-6所示。

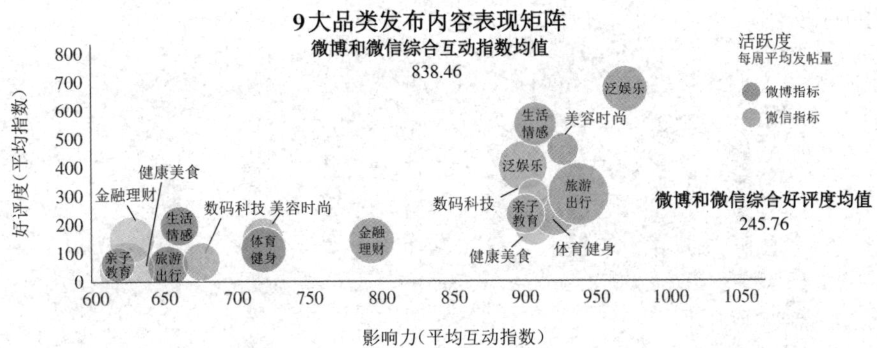

图2-6 9大品类发布内容表现矩阵

这一现象也出现在我们对于明星的表现监测上:没有一个明星是在微信和微博上同时拥有较高讨论声量的,如图2-7所示。

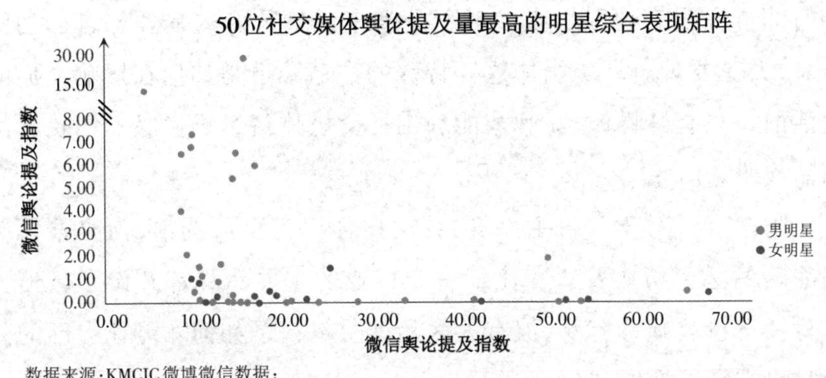

图2-7　明星综合表现矩阵

与2017年相比,用户们认为社交媒体对生活的积极影响和消极影响发生了变化(如图2-8、2-9所示):①57%的用户认为社交媒体能“缓解我现实生活中的压力”,比2017年高出了12个百分点,是被认同增加最多的积极影响。②品牌需要更加认真地对待自己的社交营销工作,因为有61%的用户认同社交媒体可以“帮助我更好地购物”,较去年上升了9个百分点。③在前四年的调查里,“减少我阅读纸质书籍的时间”都是排名第一的消极影响,但在今年两项健康有关的消极影响“让我的视力变差”(49%)和“减少我的睡眠”(47%)变成提及人数最高的选项。

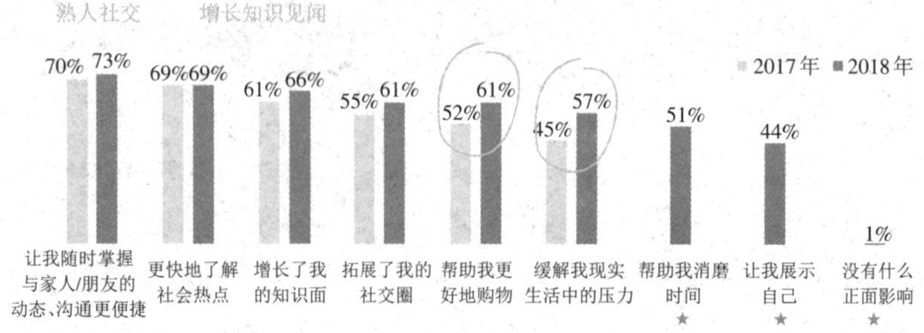

图2-9 社交媒体对用户有消极影响的比例

凯度旗下的Lightspeed公司执行了2018年报告的调查部分。Lightspeed大中华区常务董事徐诚辉表示:"无论是哪一种社交媒体平台,最终它都是一种沟通的手段。消费者越来越挑剔,在赢得他们的欢心和时间方面没有捷径可走。对于品牌来说最重要的是理解自己的消费者,尤其要理解社交媒体这一特殊的沟通渠道是如何在影响人们的生活的。只有这样做,品牌才能利用社交媒体持续推出吸引消费者的商品或服务。"

他表示:"对于广告主而言,社交媒体不再是可选项,而是整体传播战略的必要组成要素。比如每个行业的主要品牌都开设了微信公众号。开设公众号容易,但有太多品牌主忽视了如何才能让自己的公众号可持续地发展。"①

作为全球领先的营销数据洞察和咨询公司,凯度的本次报告使用了网上调查(通过微信平台)、大数据挖掘、移动行为数据分析以及社交行为与购买行为交叉分析等研究手段。今年(2020年)的研究分析了来自24.2万实名注册的用户/家庭的行为数据和调查回答,以及4万个家庭的购买数据。

2018年报告中的其他主要发现还有以下四点。

①周丽玲．新媒体营销[M]．重庆:西南师范大学出版社,2016.

(一)微信的增长潜力已经停滞

月度活跃用户渗透率与去年相同都是97%,在所有城市级别都没有实质性的变化,如图2-10所示。

微信月活覆盖率

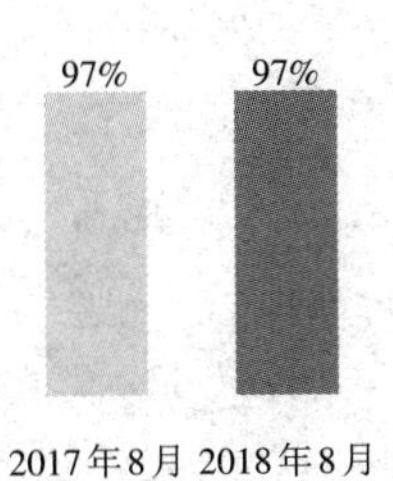

不同城市级别用户月活覆盖率

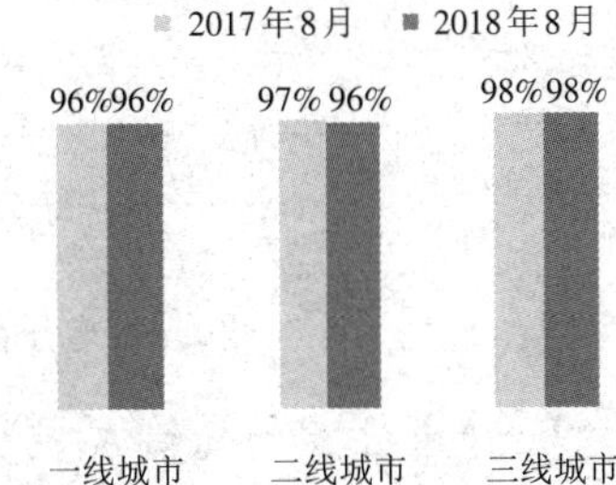

图2-10 微信覆盖率

虽然微信是私人社交媒体平台,但76%的用户需要用它来谈工作。而且用它来谈工作的用户中76%的人还比较喜欢这一点,如图2-11所示。

是否需要在微信上谈工作

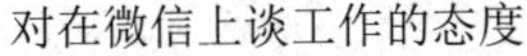

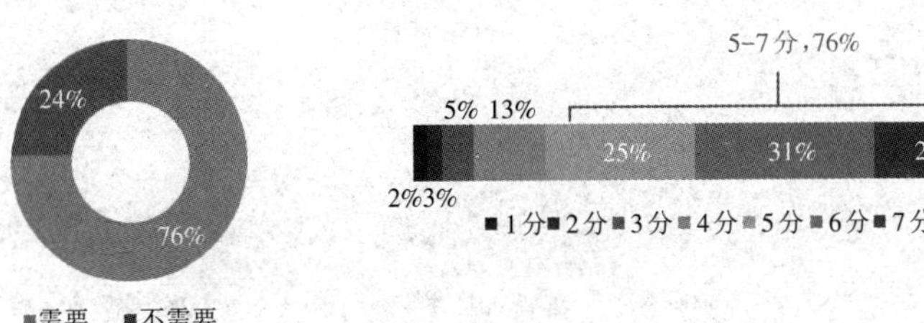

■需要 ■不需要

图2-11 微信工作用途比例与态度

(二)对社交功能的看法

人们对于电子商务APP上的社交功能的积极评价在去年的较高水平上进一步上升。上升最明显的群体是三线城市里的90后,如图2-12所示。

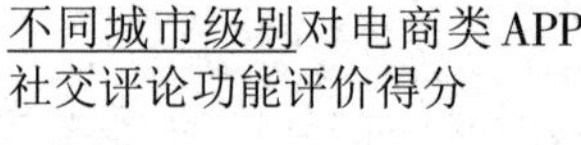

不同城市级别对电商类APP
社交评论功能评价得分

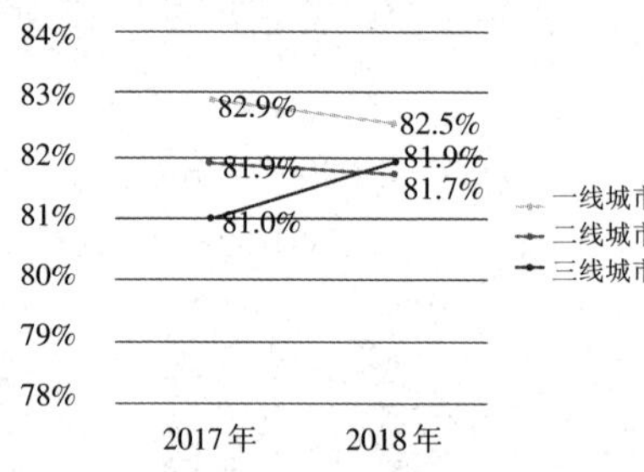

不同城市级别90后对电商类APP
社交评论功能评价得分

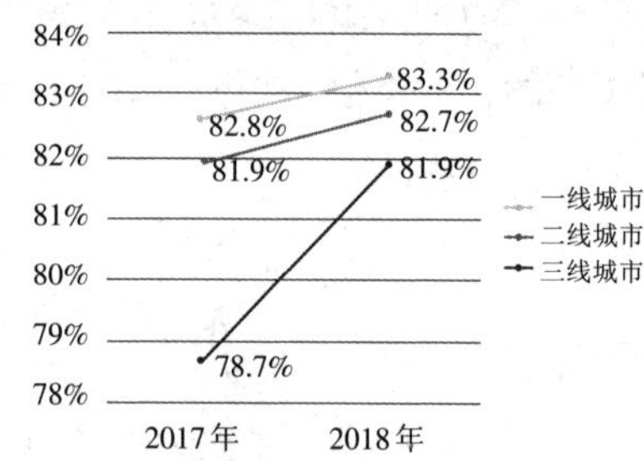

图2-12 电子商务APP上的社交功能的评价

（三）重社交与重隐私两极分化

与去年相比，越来越少的人用沉默来保护自己的隐私：只有12%的人愿意当“潜水族”，去年这一比例为21%。积极参与族的比例较去年上升了8个百分点（40%和32%）。不过毫不顾忌隐私的“裸奔族”的比例没有变化，还是只有4%，如图2-13所示。

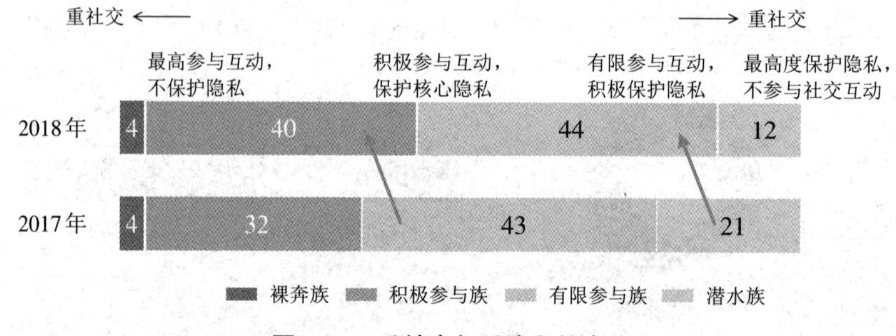

图2-13 重社交与重隐私的变化

（四）对销售转化的影响

凯度消费者指数公司通过比对消费者的购物行为和社交媒体广告收看行为发现，社交媒体硬广在促成销售转化的效率上最高可以比电视广告高4倍，而社交媒体硬广促成销售转化的最优展示次数为3次。

Kantar Media CIC大中华区CEO杨超表示：“社交媒体上的意见领袖与明星已成为品牌推广方式中当仁不让的重要一支。在多元化的‘后网红社交营销时代’里，营销人员需要提升自己的能力，需要懂得如何管理价格的通货膨胀、计算真正的影响力、科学地衡量效果。

“运用非同常规的新兴科技和方式可能是一个选择，但到最后我们要推动和夯实的，必然是普及一个成体系的、有第三方审计、有共识的底层监测系统，”他补充道，“网红和意见领袖正是风潮与实效的两面，追逐风潮固然有用，但研究社交营销投入的实效才能实现品牌长久稳定的发展。”

二、2018年美国社交媒体使用概况(皮尤研究中心)

2018年3月1日，Pew Research Center（皮尤研究中心）针对美国青年社交媒体用户的最新调查报告《2018年美国社交媒体使用情况》（Social Media Use in 2018）发现，2018年年初的社交媒体形势是由长期趋势和新兴趋势混合而成。研究发现，由于美国成年人当中多数人使用这些网站，Facebook和YouTube成为领先社交网站。与此同时，年轻的美国人（特别是那些年龄在18岁到24岁之间）的美国人因拥抱各种平台而频繁使用它们而脱颖而出。

(一)不同的社交媒体平台呈现不同的增长

Facebook仍然是一个相对健康的利润最广泛的社交媒体平台：约68%的美国成年人现在是Facebook用户。除视频分享平台YouTube之外，超过40%的美国人使用此调查中测量的其他网站或应用程序。

该中心曾询问过几项此类平台（Facebook，Twitter，Instagram，Linkedin和Pinterest）在以前几项技术使用调查中的使用情况。大多数情况下，使用这些服务的美国人的比例与中心在2016年4月进行的社交媒体使用调查中所发现的情况类似。最显著的例外是Instagram：35%的美国成年人现在说他们使用这个平台，比2016年的28%增加了7个百分点。

(二)社交媒体平台用户的重叠度

大约四分之三的Facebook用户，约六分之一的Snapchat和Instagram用户，每天都访问每个站点。

除了成为最受欢迎的社交媒体网站之外，Facebook用户还以高频率访问该网站。全部74%的Facebook用户表示他们每天访问该网站，约一半（51%）表示他们每天都会进行多次访问。Facebook用户每日访问该网站的比例与2016年相比在统计上没有变化，当时有76%的Facebook用户报告他们每天访问该网站。

虽然使用Snapchat的美国人的总体份额比Facebook小，但Snapchat用户（49%）的类似份额表示他们每天多次使用该平台。总而言之，Snapchat（63%）和Instagram（60%）的大多数用户表示他们每天都会访问这些平台。自2016年以来，每天访问该平台的Instagram用户份额略有增加，当时51%的Instagram用户是每日访问者。

（三）大多数社交媒体用户表示放弃这些网站并不困难

即使大多数美国人现在使用各种社交平台，但相当大一部分用户觉得他们可以毫不费力地放弃社交媒体。

约59%的社交媒体用户认为放弃社交媒体并不难，29%的人表示这不会很难。相比之下，40%的人表示他们确实很难放弃社交媒体——尽管只有14%的人认为这样做会“非常困难”。与此同时，近年来发现很难放弃这些服务的社交媒体用户的份额有所增长。该中心在2014年1月进行的一项调查中提出了同样的问题，当时28%的社交媒体用户表示他们很难放弃社交媒体，其中11%表示会“非常困难”。

这些发现因年龄而异。大约一半的社交媒体用户年龄在18~24岁之间（51%）表示很难放弃社交媒体，但50岁以上的用户中只有三分之一的人对此感觉相似。这些数据还与该中心收集的有关美国人对社交媒体态度的其他调查结果大致相符。尽管使用它们的原因很多，但只有3%的社交媒体用户表示对在这些网站上找到的信息非常信任。而且相对较少的人有信心在这些平台上保护他们的个人信息免受侵害。

三、2018年英国社交媒体使用概况(Quintly)

Quintly发布了《英国社交媒体分析——20个最有价值的英国社交媒体品牌》。在英国,约有3900万人经常使用社交媒体。而且这种趋势正在快速增长,社交网络在英国越来越受欢迎。英国品牌正在积极地将其作为日常营销策略的重要组成部分。对社交媒体的重视与广告支出与此并行不悖。

随着社交媒体越来越重要以及品牌在社交媒体上支出越来越多,Quintly对20个最有价值的英国品牌进行深入分析。Quintly追踪了2017年全年Facebook、Twitter和Instagram上英国品牌追随者发展、内容发布策略以及用户参与和客户服务情况。主要发现:①Burberry和Marks&Spencer在Facebook、Twitter和Instagram上的追随者数量都排在前五位。②BBC在Facebook和Twitter上最活跃,发帖最频繁,在Instagram上排在第三位。③从发帖类型来看,视觉内容比其他类型内容高40倍。④品牌在社交媒体上发帖的目的是提高参与度。从时间来看,三月、五月和十二月是互动的高峰。而互动量最高的三个帖子都是视频内容(除Instagram)。⑤从效率来看,Shell用最少的帖子获得了最多的互动。尽管BBC发布了很多内容,但是互动仅排在第三位。⑥越来越多的消费者在社交媒体上与品牌交流,使其成为客户服务的重要渠道,从追踪的18 996个问题来看,3374个在2小时内获得了回复。

调查发现,像Burberry和Land Rover这样的奢侈品牌在Instagram上非常活跃,并且在Instagram的互动方面产生了很大的影响。由于他们已经具备制作高质量视觉内容的能力,因此他们可以很容易地发布有吸引力的视觉内容。另一方面,Twitter和Facebook的普及率更高,因而其内容在用户参与度方面有一定的优势。

第二节 Twitter营销

Twitter是即时信息的一个变种，也称微博客，它允许用户将自己的最新动态和想法以短信息的形式发送给手机和个性化网站群，而不仅仅是发送给个人。Twitter使用非常方便，你可以通过网页、手机，甚至IM工具如Gtalk，随时把信息发到网上。Twitter营销就是利用Twitter工具进行营销传播的营销方式。

戴尔Twitter打折战，创收百万美元。2008年圣诞购物旺季期间，戴尔(Dell)通过向其Twitter账户的美国订户发布"购买笔记本电脑七折优惠"的打折信息，创收百万美元。戴尔作为一个以渠道和销售见长的全球第二大IT品牌，对于Blog、FriendFeed、Facebook、Youtube、Twit-ter等社会化媒体的成功运用一直备受外界瞩目。此次Twitter打折战，正是其社会化媒体营销战略中的一部分。

此前，戴尔为其旗下每个产品线都建立了一个Twitter网页。

利用Twitter"主观、感性、个性化"信息特点和"人以群分"的群体特征，针对不同目标群体发布信息，戴尔在Twitter用户中已吸聚了一定的人气。而其中，又以提供产品打折信息的@DellOutlet账户、提供Dell消费类产品信息的@DellConsumer账户和提供Dell家用类产品信息的@DellHomeOffers账户订户(followers)最多。此次打折消息的发布，正是针对@DellOutlet账户的订户。

目前，戴尔公司官方公布的Twitter数据包括以下三点。

第一，戴尔@DellOutlet账户作为Twitter订户数量排名前50名的账户，拥有超过50万的订户。2008年戴尔通过@DellOutlet账户销售超过100万美元的产品。目前戴尔拥有35个官方Twitter账号和数量更多并不断增长的个人账号。在全球经济寒冬的背景下，一个带有群体温馨意味的订户内部打折消息，自然让许多消费者欣喜若狂。而戴尔这次貌似普通的互联网促销活动，除了收获百万美元账面收入外，更增加和维系了能为企业创造利润的顾客，为此后的社会化媒体营销模式积累经验，打下基础。

第二，巧用“Twitter follower机制”。“follower机制”是Twitter的一大特色。此次打折活动中，戴尔强调，该项优惠仅仅面向美国的Twitter订户，希望以此致谢Twitter用户。这种方式既提升了戴尔Twitter账户的关注度，又利用排他性的内部优惠提高了订户(followers)的忠诚度。此次活动戴尔选取的时间点有三大特征：其一是全球金融海啸对全美消费力造成重创；其二是美国圣诞购物旺季；其三是Twitter风头正盛的2008年岁尾。在这个关键时刻，戴尔的促销活动再一次擦亮了它“销售为王”和关注新兴社会化媒体、勇于创新求变的金字招牌。另外，尽管促销活动仅仅针对Twitter订户，戴尔依然在其Blog、Facebook等社会性媒体上展开全方位宣传，大大提升了其对潜在消费者的冲击力度。

第三，在戴尔Twitter账户中，订户除了可以直接发表意见，还可以连接到DellForum、DellIdeastorm、Direct2Dell等其他社会化媒体上添加想法。而戴尔除了开设35个官方账户(这个数据还会增加)，还鼓励员工开启个人账户，并允许其在上班时间使用Twitter。此外，信息的传播有非常细的内容划分，不同内容用不同账户发布。当然，订户意见过于琐碎、收集困难和员工Twitter使用的安全问题是戴尔在接下来的Twitter营销战略制定过程中必须注意的重要问题。

在国外有句谚语叫做“在拉斯维加斯发生的事情，就让它留在拉斯维加斯吧”。但自从有了Twitter，无论世界各地发生了什么新闻或者特别的事件，传播都能达到一日千里的效果。这就是Twitter很受欢迎的功能：直播。这个互动模式是实时的，可以随时告诉大家当下发生的所有事情。尤其在突发热点新闻出现的时候，立即就能在Twitter上找到[①]。

Twitter定位是一个开放的平台，不论针对什么重大的官方事件，通过Twitter这样的渠道都可以传播。用户们可以身临其境地参与到这些公众事件中，并及时地实现互动。Twitter平台具备话题性，上面产生了很多有趣的讨论，可以是一对一的双人模式，也可以是一对多的全球性对话模式。

所以，品牌会针对大家关心的话题，切入许多独特的视角来做营销。比如基于耐克品牌下，存在有很多马拉松等运动爱好者。这让耐克有所启发，他们便在Twitter上面推出与马拉松相关的15秒视频，让世界各地的人通过Twitter参与到对话，增强品牌关注度。趁热打铁，耐克在Twitter平台上面也立即给用户推荐了专门为马拉松跑步者用的袜子。

第三节 Facebook营销

Facebook是全球最大的社交网站，是互联网上最大的分享网站，也是世界上访问量第二大的网站。2004年从哈佛大学男生宿舍走出来的Facebook经过十余年的发展，已经发展成为市值逼近5000亿美元并且持续增长的超级互联网企业。英美企业利用Facebook的影响力进行营销。

Qwertee为美国知名服装品牌。它出售外观好看的限量版T恤。每一个款式都只供应24小时。Qwertee每天都免费赠送一件T恤，以此来营造每天新鲜T恤设计的氛围。参与者根据付出，可以争取机会赢得当天款式的免费T恤。为当天T恤的款式点赞，会有一个机会赢；分享当天T恤的款式，会有双倍机会赢；评论当天T恤的款式，会有三倍

①瑞安•霍利迪．增长黑客营销[M]．广州：广东人民出版社，2016.

机会赢。这是一个简单的做法。但它会产生数百个"赞""分享"和"评论"——所有这些都有助于打造宣传攻势，扩大Qwertee的社交网络，促进销售。

著名的Target百货公司将100万美元捐赠对象的选择权交给了他们社交媒体上的粉丝。公司使用了一个新的应用程式"Super Love Sender"来实时地告知他们的粉丝哪一家慈善机构处于票数领先的地位。St.Jude儿童研究医院成为这场慈善活动的最终赢家。总的来说，这个营销活动是十分成功的，因为它在Target百货公司的Facebook页面上引起了相当大的轰动。

从2010年开始就可以看出福特汽车公司宣传推广技巧上的转变。

他们不仅仅开始将社会化媒体融入他们的营销活动，也不断地用创新的理念突破了传统营销的界限。在刚刚过去的这个夏天，他们利用一个Facebook的活动揭开了新一代2011福特探险家的详细信息和数据。

这是有史以来第一次汽车公司使用一个网站而不是用车展来推出他们的新款车型。为了让支持者的人数超过一定的数量，福特公司甚至采用了随机抽选一位Facebook粉丝来赠送新款探险家。

Facebook对企业营销的影响在于以下几个方面。

第一，Facebook社交平台的出现，对企业来说是一个很好的机遇与极大的挑战。Facebook拥有近14亿的用户在平台上浏览信息与交流互动，在一定程度上为企业带来了全球各地区潜在的消费者与现有的消费者，使用户之间交流互动，促进产品的传播与宣传。

第二，Facebook平台的出现最大限度地减少了企业的宣传成本，并逐渐使企业的总体收益得到增加，在平台上进行广告的投放，需要商家自行承担费用。在投放广告时，商家可以自行控制广告支出的费用，因此企业在宣传营销时，可根据自身发展情况而定，选择适合自己的宣传方式，弹性调动广告宣传力度①。

第三，企业在Facebook平台上进行宣传，有利于提升品牌效应。美国市场的一项调查显示，在美国了解一个商家，有25%的消费者会选择在Facebook平台上对商家进行了解与分析。商家会通过Facebook平台与现有消费者进行互动，促使消费者对商家信息与产品进行分享与传播，从而达到扩大商家品牌影响力的效果与目标。

第四，企业可以通过Facebook平台对用户进行精准定位。Facebook平台对每一个注册用户的个人信息与个人偏好都有一个统计，企业能够在最短的时间内找到潜在消费者与现有的消费者。现有的营销方式可以通过Facebook平台及时获取反馈信息，有助于企业在拿到反馈信息后进行分析与研究，改进与提升用户不满意的地方，可以针对不同的用户，结合用户的不同需求，制定不同的营销策略，有效提升产品带来的收益，扩大企业的获利空间。

第四节 Instagram营销

Instagram是一款支持iOS、Windows Phone、Android平台的移动应用，允许用户在任何环境下抓拍下自己的生活记忆，选择图片的滤镜样式(Lomo/Nashville/Apollo/Poprocket等10多种胶圈效果)，一键分享至Instagram、Facebook、Twitter、Flickr、Tumblr、foursquare或者新浪微博平台上。Instagram这个名字源自于Instamatic，是柯达从1963年便开始销售的一个低价便携傻瓜相机的系列名。这个系列十分受欢迎，其最后一款型号直至1988年仍在销售。

不仅仅是拍照，作为一款轻量级但十分有趣的App，Instagram在移动端融入了很多社会化元素，包括好友关系的建立、回复、分享和收藏

①文丹枫，朱海，朱德清．IT到DT：大数据与精准营销[M]．沈阳：万卷出版公司，2015.

等，这是Instagram作为服务存在而非应用存在最大的价值。近几年，社交营销工具如雨后春笋般萌生，对于企业来讲，Instagram带来了更多的营销和提升品牌形象的机会，然而并不是简单地建立账户、发布内容便可以坐等其成，Instagram始终是一种工具，我们需要将它融入我们的营销过程当中，而并非仅仅依靠它便能成事①。

耐克是Instagram上最受欢迎的品牌，因为它对这个平台的运作有深入的了解。这家体育品牌利用其Instagram粉丝创建了NIKE PHOTO ID，这是一项成功的Instagram活动，基于推动观众行为的关键趋势。该活动允许用户使用他们的Instagram照片定制他们的运动鞋，在众多社交媒体平台上分享成果，并定制个性化的运动鞋。耐克（Nike）希望发起一场营销活动，增加品牌价值，并为该品牌做广告，其依据是目前推动观众行为的一些关键趋势，以及Twitter和Instagram鼓励的创造性自我推销。耐克是Instagram上最大的品牌之一，拥有超过1000万粉丝。耐克之所以在图片分享网站上大受欢迎，是因为耐克对这个平台的工作原理有深入的了解。耐克的Instagram图片是人们使用他们产品的漂亮照片。跨境电商应该借鉴这些国外成功的SNS案例，拓展思路。营销并不一定要围绕你和你的品牌。人们知道什么时候他们会被出卖，但他们并不喜欢这样。如今的消费者都很精明，他们往往能看穿营销策略的花招。通过SNS营销方案为潜在客户提供真正的价值，围绕品牌产生巨大的影响力。当然，提供的价值不一定是货币。它可以基于产品或服务的信息或高级访问。

2006年，美国旅行者Blake Mycoskie在阿根廷和一个村子里的孩子们成为朋友，但是发现他们穷到没有鞋子。之后，Mycoskie创立了TOMS，每卖出一双鞋便会为有需要的孩子捐出一双鞋。在TOMS推出“世界无鞋日”的第8个年头，TOMS把活动的主战场搬到了Instagram上。在Instagram上传一张光脚的照片并标记without shoes，TOMS就会

①陈婧．Instagram：艺术营销的社交之道[J]．IT经理世界，2018(Z2)：28-35.

捐一双鞋给因为贫困只能赤脚的孩子。在活动期间，TOMS共捐出了25.5万双鞋子。TOMS的一张照片和背后的故事。简单到哭，也温暖到哭。

随着数字化营销的兴起，Instagram成为“维多利亚的秘密”的最佳发言人，虽然别的品牌也做得很勤快，但维秘的粉丝量和互动量遥遥领先。美国数字营销研究机构L2于10月底发布的新报告指出，维多利亚的秘密是快时尚领域里粉丝人群最庞大的品牌。除了粉丝多，维秘在Instagram上发布的每张照片都平均收获10万以上的互动量(一般都是30万)。主页更新的频率也很高，一周差不多20次。超模的粉丝们汇合成为品牌粉丝：维秘的主页常和天使超模们互动，那些超模们的高人气也直接带动了互动量和粉丝数，比如Gigi Hadid就有780万粉丝。今年1月，维秘Instagram账号当时发布了一组泳装照片，五天之内从880万的粉丝增长到930万，平均一天就增加10万，目前来看一直在稳步增长。

微信营销是网络经济时代企业或个人营销模式的一种。是伴随着微信的火热而兴起的一种网络营销方式。微信不存在距离的限制，用户注册微信后，可与周围同样注册的“朋友”形成一种联系，用户订阅自己所需的信息，商家通过提供用户需要的信息，推广自己的产品，从而实现点对点的营销。

第五节　YouTube营销

YouTube是一个视频网站，早期公司位于加利福尼亚州的圣布鲁诺。注册于2005年2月15日，由美籍华人陈士骏等人创立，让用户下载、观看及分享影片或短片。

2006年11月，Google公司以16.5亿美元收购了YouTube，并把其当做一家子公司来经营。但是对于如何通过YouTube盈利，Google一直保持非常谨慎的态度。被收购后的YouTube依然风靡全球网民，花旗银行分析师认为，以2012年整年计算，Google可能从YouTube获得24亿美元的净收入。2014年1月3日，YouTube宣布在拉斯维加斯消费电子展（CES）上演示4K高清视频流媒体服务。该服务采用谷歌的视频编解码技术VP9。网站的未注册用户仍可以直接观看视频，而注册用户则可以上传无限制数量的影片。而当影片有可能的冒犯性质的内容时，仅提供给18岁以上的注册用户观看。YouTube作为当前行业内在线视频服务提供商，YouTube的系统每天要处理上千万个视频片段，为全球成千上万的用户提供高水平的视频上传、分发、展示、浏览服务。2015年2月，央视首次把春晚推送到YouTube等境外网站。

以视频内容输出的形式去推广你的产品，能让观众更加直观地了解你的产品品牌，从而对你的产品产生更强的购买欲望。不管你是B2C企业还是提供B2B企业，视频的范围很广，可以创建吸引观众的内容，社交媒体营销更是成为行业营销的新趋势。视频营销功能和更新影响商家的战略，在视频营销快速发展的现在，我们更应该注重视频内容的营销及策略。

一、建立跨国公司自己的YouTube品牌频道

建立YouTube频道更应该注重的是向观众宣传品牌故事。从频道图标到频道描述等所有的内容都应该是传达品牌的声音。

在YouTube频道的“关于”部分中，添加品牌的简单描述。描述要保证每位观众都能了解到你的品牌，利用品牌故事在观众心里“种草”。

二、不断的创建能吸引眼球的视频内容上传到你的频道中

创建有故事、有情节的视频来吸引观众进行互动，最重要的是用YouTube来宣传品牌故事。向他们充分地介绍品牌产品，分析产品的优势、功能、体验以及如何使用产品的分步视频教程，但是一定要在观

众最活跃的时候，找到合适的时间发布视频内容。

三、优化 YouTube 视频描述中的关键词和缩略图

缩略图及关键词是取决于观众是否点击视频播放的关键。因此，缩略图及关键词的优化能给视频的观看频率带来更好的效果，你的视频缩略图一定要能促使 YouTube 用户已在看到之后有点击观看的冲动，添加一张能吸引用户注意的缩略图很关键。

在 YouTube 视频营销策略中视频的描述中的关键词也很重要，优秀的关键词能提升 YouTube SEO，但是前提一定要保证关键词与上传的视频内容一致，一句能有吸引力带有关键词描述的短句就能促使用户点击观看视频。

四、与用户互动来提升你的频道活跃度

视频开始有一些观看量之后，可以在评论区域观众进行互动，回复用户的评论让用户有参与度，YouTube 倾向于互动性更高的视频，因此较长的评论部分可以轻松地转化为更多观看次数[①]。

五、了解你的竞争对手

了解你的竞争对手是任何企业及营销策略不可缺少的一部分，可以去了解其 YouTube 频道运作的模式进行分析，查看他们的视频观看量，粉丝高观看量视频的内容形式及吸引点，这些能为你以后创作视频带来灵感。

六、紧跟行业趋势及更新

想要在任何行业都处于领先地位，跟踪行业趋势和更新就很重要。社交媒体行业本身就是一个充满活力的行业。行业以及平台上的新功能和趋势能为你的 YouTube 营销计划提供帮助。

流量：YouTube 有超过 10 亿的用户，每月处理超过 30 亿次的搜索。

---

①韦安明，何亚维，王晓茹．大数据视角下的互联网视频用户行为[J]．广播与电视技术，2016，43(3)：46-54.

网站参与度:权威机构研究发现,与其他媒体平台相比,从 YouTube 导航到网站的访问者在网站上花费的时间最多,浏览量最多,并且跳出率最低。

由于 YouTube 归 Google 所有,因此通常会在 Google 搜索的前十个结果中看到一两个 YouTube 视频。YouTube 视频非常易于分享。它们可以嵌入 Facebook 帖子、博客帖子和推文中,所有这些视图仍会显示在你的 YouTube 频道上。

YouTube 营销的重要性不容小觑,它是全球上最大、访问量最大的网站之一,跨国企业应充分利用它来推广自己的品牌、产品。而且,YouTube 目前基本上是免费且易于使用的,因此它也是最容易上市的平台之一,可以确保以低投入来获得更多的流量。所以,跨国企业在保持使用传统的推广方式之外,更要去使用社交媒体 YouTube 的视频营销。

第六节 微信营销

2011 年 1 月 21 日,腾讯推出即时通讯应用微信,支持发送语音短信、视频、图片和文字,可以群聊。2012 年 3 月 29 日,时隔一年多,马化腾通过腾讯微博宣布微信用户突破一亿大关,也就是新浪微博注册用户的三分之一。在腾讯 QQ 邮箱、各种户外广告和旗下产品的不断宣传和推广下,微信的用户也在逐月增加。

微信营销的特点在于:①点对点精准营销:微信拥有庞大的用户群,借助移动终端、天然的社交和位置定位等优势,每个信息都是可以推送的,能够让每个个体都有机会接收到这个信息,继而帮助商家实现点对点精准化营销。②形式灵活多样漂流瓶:用户可以发布语音或者文字然后投入大海中,如果有其他用户“捞”到则可以展开对话。

③位置签名:商家可以利用“用户签名档”这个免费的广告位为自己做宣传,附近的微信用户就能看到商家的信息。④二维码:用户可以通过扫描识别二维码身份来添加朋友、关注企业账号;企业则可以设定自己品牌的二维码,用折扣和优惠来吸引用户关注,开拓O2O的营销模式。⑤开放平台:通过微信开放平台,应用开发者可以接入第三方应用,还可以将应用的LOGO放入微信附件栏,使用户可以方便地在会话中调用第三方应用进行内容选择与分享。⑥公众平台:在微信公众平台上,每个人都可以用一个QQ号码,打造自己的微信公众账号,并在微信平台上实现和特定群体的文字、图片、语音的全方位沟通和互动。

微信的点对点产品形态注定了其能够通过互动的形式将普通关系发展成强关系,从而产生更大的价值。通过互动的形式与用户建立联系,互动就是聊天,可以解答疑惑、可以讲故事甚至可以“卖萌”,用一切形式让企业与消费者形成朋友的关系,你不会相信陌生人,但是会信任你的“朋友”。

微信营销主要体现在以安卓系统、苹果系统的手机或者平板电脑中的移动客户端进行的区域定位营销,商家通过微信公众平台,结合转介率微信会员管理系统展示商家微官网、微会员、微推送、微支付、微活动,已经形成了一种主流的线上线下微信互动营销方式。

微信营销,一个新型的互联网方式应运而生,并且不少的企业和个人都从中获得利益,发展前景也很值得期待,那么相对于一些传统的互联网,微信营销又有着哪些优势呢? 包括:①庞大的腾讯用户基数,据可靠的数据资料显示,在微信营销后的一年多时间内,微信的用户数量就达到了庞大的7亿,发展空间堪称恐怖。毫无疑问,微信已经成了当下最火热的互联网聊天工具,我们相信微信的用户量并不仅仅限于7亿这个数量,发展空间仍然很广阔。②随着智能手机的越来越普及,微信已经慢慢地从高收入群体走向大众化,几年之后,或许会出现这样的一个场景,中国智能手机软件市场上微信屹然成了霸主地位。③信息交流的互动性更加突出,虽然前些年火热的博客营销也有和粉丝的互动,但是并不及时,除非你能天天守在电脑面前,而微信就不一样了,微信具有很强的互动及时性,无论你在哪里,只要你带着手机,就能够很轻松地同你的未来客户进行很好的互动。④很多企业把微信当做移动微博,总是一味地在向客户传达信息,而没有认真地关注客户的反馈。有互动功能的,也只是在微信后台设置好一些快捷回复的方案,但这种缺乏人性化的沟通方式,极大地损害了用户体验,当客户的咨询无法得到满意回复后,他们唯一的选择就是取消关注。而人工微信客服的核心优势实现了人与人的实时沟通,此时客户所面对的是一个个专业、服务质量优秀的客服人员,对于客户的咨询可以给出满意的回复[①]。

尽管微信营销模式给企业带来诸多便利,但目前仍然存在一些问题:①新事物的挑战和威胁。任何事物发展到一定阶段,都会面临新事物的挑战和威胁。2018年,抖音成为最火的APP,其次是快手和火山小视频等。微信朋友圈的阅读量在这些新事物的冲击下,同比减少30%,而且还有持续下滑的趋势,势必造成微信朋友圈的效果持续减弱。②缺乏专业的人才开展微信营销。企业微信平台的设计、内容的推送,后期对客户的维护,如何避免客户流失等问题,都需要企业去投入时间和精力去完成。因此,很多企业只意识到了微信营销的强大优势,却忽略了微信营销人才建设,使得企业的微信营销效果并不理想,流于形式,并未起到实质性的宣传效果。③推送信息缺乏针对性,内容枯燥无趣。企业在推送信息时往往不重视内容的编辑和质量,要么推送过于频繁,要么推送内容不够新颖、枯燥无趣。如果推送的内容过于频繁且都是带有浓厚商业色彩的内容,久而久之会引起客户的反感。有的客户甚至可能将这种反感情绪蔓延开来,有损企业的形象。

①武彬.微信营销[M].武汉:武汉大学出版社,2013.

中国春节是饮料品牌的战场，可口可乐需要标志性的品牌资产与期待年味的中国消费者产生情感连接，通过增加与团聚场景的相关性带动品牌销量。此外，中国春节时段，可口可乐的主要竞争对手大力提升品牌的媒体投入和品牌声量，如何利用与时俱进的媒体组合使有限预算达到最大化品牌曝光，有效利用社交平台激发二次传播亦是可口可乐营销活动的挑战。

新年是中国的传统佳节，跨国企业也利用节日的喜庆，在微信营销上大展身手。可口可乐抓住年轻人对传统春节年味和团聚的渴望，借助中国传统的"阿福、阿娇"形象来还原中国传统年味，同时利用线上线下多渠道推广入口，朋友圈广告强势引流触达消费者，增加品牌认知度和记忆度，激发二次传播。首先，可口可乐与微信表情进行合作，通过微信新春表情在好友间的广泛传播来传达"团圆年味"的可口可乐品牌的新春信息。其次，为了更酷的体验，可口可乐摒弃传统二维码，抢先运用全新的图像识别技术。消费者只需用微信直接扫描包装上"阿福"和"阿娇"的形象或条形码，就可以免费下载整套动态表情，与家人和朋友分享、传递佳节的问候。最后，朋友圈广告的首发也给可乐表情下载带来了大量引流，而可乐公众账号的图文消息推送，亦唤起可乐粉丝对于新春表情的关注。

鉴于目标受众对于朋友圈广告的高接受度，短短2天时间，朋友圈广告为可口可乐带来1.2亿曝光，表情下载页面的转化率达高达2.3%，带来了第一波拜年表情发送的大规模爆发，朋友圈人人拜早年，并经过三周发酵在除夕达到另一个通过"阿福、阿娇"拜年的峰值。不到一个月的活动时间，可口可乐积累了200万+的新年表情下载量，与此同时，可乐新春表情的人均发送次数为超过12次/人，成功抓住春节拜年的社交强需求爆点，触发海量的二次传播。活动总参与次数达6206万，对比KPI5000万参与次数的目标，超KPI20%达成目标。

"阿福、阿娇"形象通过产品包装、电视广告、微信表情、朋友圈广告与社交传播的媒体组合,已经成为深入人心的标志性新年形象,成为可口可乐在新年阶段的品牌资产与代言人。

自从2012年11月Louis Vuitton成为首个开通了微信公众号的奢侈品牌以来,其他奢侈品牌们也争先开通了服务号、订阅号,微信正在成为奢侈品牌链接消费者的一个越来越重要的平台。L2调研总监Danielle Bailey就曾指出:“社交媒体能让你与消费者直接对话,而不必将他们引至旗舰店。即便对于那些在中国没有实体店的品牌而言,社交媒体也是它们获得注的必备武器。”

2020年,Gucci为中国消费者打造了一个猪年狂欢节。比如许多产品都是以迪士尼三只小猪为主题的:钱包(约1461美元)、手表(1918美元)、手提包(2051美元)和运动鞋(885美元)。1月10日,品牌还在微信端发表了一篇名为“Gucci猪猪家族现在登场”的长文章,并配以英国艺术家、电影制片人Frank Lebon拍的各种可爱的猪猪照片。该文还在产品图片里添加了购买链接,只要点击图片便可以转到其官方小程序里,并用微信支付购买该产品。此外还提供下载Gucci原创表情包。大多奢侈品牌都选择以“猪”这个生肖形象入手来解读中国新年,而2020年Dior的微信营销活动却展示了该品牌对中国文化和美学的深刻理解。它们的新品采用了一种名叫Toile de Jouy的印花,以非常典雅的红白相间的树枝为主。该系列于1月14日发布,微信文章已经获得了5.3万次浏览量和84人点赞。当用户点击微信文章的链接时,会自动转入一个非常精致的H5页面,配有音乐和产品介绍,其中重点推荐了三个经典手袋:Lady Dior、Book Tote和Saddle,所有这些都是为中国市场限量供应的。

英国皮具品牌Mulberry在微信上发布多篇文章庆祝中国新年,品牌对一些极具中国特色的图案如竹子和中国寺庙等做了全新的诠释,更具现代水彩风格。第一篇文章推出名为Seaton的中国系列手提包(价格约1402美元至1727美元),第二篇文章里除了推出新商品,还推送了许多可爱的猪猪主题表情包，在最后一篇文章里，向消费者介绍了如何在其天猫奢侈品专柜购买产品，同时在微信上推出了一款互动游戏，用户们通过玩游戏有机会赢取一个新包。

Longchamp 也是最早一批庆祝中国新年的奢侈品品牌。该品牌的活动从 2019 年 12 月 13 日就开始了，强势开展了与北京时尚博主包先生合作，推出了一系列跟猪有关的手袋。随后又邀请明星唐嫣、吴磊、模特奚梦瑶等为品牌代言。为了能更好地发挥明星博主的影响力，其微信上的第二篇文章推送的是包先生与世界各地粉丝的见面会安排。第一站是上海静安嘉里中心，出席嘉宾有明星林彦俊和一只真的小猪。

在 2019 年 12 月 28 日，Longchamp 和包先生联名推出 Le Pilage 系列手袋——一个带有小猪鼻子形状的 PVC 手袋。消费者可以通过微信在线购买所有中国新年主题特供商品。

珠宝和手表品牌 Cartier 并没有为中国新年推出限量商品，但品牌在 1 月 10 日发布了首款 Cartier 的手包：Papillon（价格约 2169 美元），采用的是 Cartier 珠宝盒的形状。品牌最新发布的微信文章也着重强调了“中国红”的版本——到目前为止，发布的那篇文章已经获得了 5.9 万次浏览量和 220 个点赞。一周之后，该品牌又推出了一款中国独家的手表系列：Clé de Cartier（有粉红色的皮革表带）售价约为 8559 美元。在 Cartier 微店预订的前 88 位客户会有额外福利，Cartier 的这篇文章也得到了很高的参与度。为了庆祝中国新年，该品牌与印度艺术家 Rithika Merchant 合作推出了一系列手绘风格的产品（T 恤、运动鞋和手提包等）。这些产品被王珞丹、宋茜和唐嫣等明星所演绎。截至 1 月 13 日，该文章已经获得了 1.4 万次浏览和 59 个点赞。和大多数品牌不一样的是，Chloe 并没有引导消费者在线消费，而是更多地鼓励消费者去实体店中购买商品。最近，品牌又推出了猪年贺词主题的微信表情包。

2020年1月10日，Swarovski在微信上发表了一篇关于猪猪女孩的生活的文章，推出了Swarovski以猪为主题的所有配饰和珠宝（售价约190美元）。该文鼓励女性消费者购买Swarovski的商品来犒赏自己，同时，还有机会获得新年红包。最后它会把客户引到京东的产品页面，消费者可以阅读有关商品的评论并通过微信支付购买。

第七节　微博营销

微博营销是指通过微博平台为商家、个人等创造价值而执行的一种营销方式，也是指商家或个人通过微博平台发现并满足用户的各类需求的商业行为方式。微博营销以微博作为营销平台，每一个听众（粉丝）都是潜在的营销对象，企业利用更新自己的微型博客向网友传播企业信息、产品信息，树立良好的企业形象和产品形象。每天更新内容就可以跟大家交流互动，或者发布大家感兴趣的话题，这样来达到营销的目的，这样的方式就是互联网新推出的微博营销。该营销方式注重价值的传递、内容的互动、系统的布局、准确的定位，微博的火热发展也使得其营销效果尤为显著。微博营销涉及的范围包括认证、有效粉丝、朋友、话题、名博、开放平台、整体运营等。自2012年12月后，新浪微博推出企业服务商平台，为企业在微博上进行营销提供一定帮助。

中国互联网已经全面进入微博时代。新浪与腾讯微博网易微博和搜狐微博的注册用户总数已经突破6亿，每天日登陆数超过了4000万。同时，微博用户群又是中国互联网使用的高端人群，这部分用户群虽然只占中国互联网用户群的10%，但他们是城市中对新鲜事物最敏感的人群，也是中国互联网上购买力最高的人群。

在微博上实现一站式购物已不再遥远，在打通线上与线下日渐成为不少互联网企业的核心战略之际，微博营销的闭环行动也在提速。

微博的特点包括以下几个方面：①成本上——发布门槛低，成本远小于广告，效果却不差。140个字发布信息，远比博客发布容易，对于同样效果的广告则更加经济。与传统的大众媒体（报纸、流媒体、电视等）相比受众同样广泛，前期一次投入，后期维护成本低廉。②覆盖上——传播效果好、速度快、覆盖广。微博信息支持各种平台，包括手机，电脑与其他传统媒体。同时传播的方式有多样性，转发非常方便。利用名人效应能够使事件的传播量呈几何级放大。③效果上——针对性强、利用后期维护及反馈。微博营销是投资少见效快的一种新型的网络营销模式，其营销方式和模式可以在短期内获得最大的收益。④手段使用上——多样化、人性化。从技术上，微博营销可以同时可以方便的利用文字，图片，视频等多种展现形式。从人性化角度上，企业品牌的微博本身就可以将自己拟人化，更具亲和力。⑤开放性。微博几乎是什么话题都可以进行探讨，而且没有什么拘束的，微博就是要最大化的开放给客户。⑥拉近距离。在微博上面，美国总统可以和平民点对点交谈，政府可以和民众一起探讨，明星可以和粉丝们互动，微博其实就是在拉近距离。⑦传播速度快。微博最显著特征之一就是其传播迅速。一条微博在触发微博引爆点后短时间内互动性转发就可以抵达微博世界的每一个角落，达到短时间内最多的目击人数。⑧便捷性。微博只需要编写好140字以内的文案，微博小秘书通过审查。即可发布，从而节约了大量的时间和成本。⑨高技术性，浏览页面佳。微博营销可以借助许多先进多媒体技术手段，从多维角度等展现形式对产品进行描述，从而使潜在消费者更直接地接受信息。⑩操作简单，信息发布便捷。一条微博，最多140个字，只需要简单的构思，就可以完成一条信息的发布。这点就要比博客要方便得多。毕竟构思一篇好博文，需要花费很多的时间与精力。⑪ 互动性强。能与粉丝即时沟通，及时获得用户反馈。

微博的分类如下：①个人微博营销。很多个人的微博营销是由个人本身的知名度来得到别人的关注和了解的，以明星成功商人或者是社会中比较成功的人士，他们运用微博往往是通过这样一个媒介来让自己的粉丝更进一步地去了解自己和喜欢自己，微博在他们手中也就是平时抒发感情，功利性并不是很明显，他们的宣传工作一般是由粉丝们跟踪转帖来达到营销效果的。②企业微博营销。企业一般是以盈利为目的性的，他们运用微博往往是想通过微博来增加自己的知名度，最后达到能够将自己的产品卖出去，往往企业微博营销要难上许多，因为知名度有限，短短的微博不能让消费者直观地理解商品，而且微博更新速度快，信息量大，企业微博营销时，应当建立起自己固定的消费群体，与粉丝多交流、多互动、多做企业宣传工作。③行业资讯微博营销。以发布行业资讯为主要内容的微博，往往可以吸引众多用户关注，类似于通过电子邮件订阅的电子刊物或者RSS订阅等，微博内容成为营销的载体，订阅用户数量决定了行业资讯微博的网络营销价值。因此，运营行业资讯微博与运营一个行业资讯网站在很多方面是很类似的，需要在内容策划及传播方面下很大工夫。

企业博客经营者首先要改变观念——企业微博的“索取”与“给予”之分，企业微博是一个给予平台。截至2011年，微博数量已经以亿计算，只有那些能对浏览者创造价值的微博自身才有价值，此时企业微博才可能达到期望的商业目的。企业只有认清了这个因果关系，才可能从企业微博中受益。

微博的特点是“关系”“互动”，因此，虽然是企业微博，但也切忌仅是一个官方发布消息的窗口那种冷冰冰的模式。要给人感觉像一个人，有感情、有思考、有回应、有自己的特点与个性。

一个浏览者觉得你的微博和其他微博差不多，或是别的微博可以替代你，都是不成功的。这和品牌与商品的定位一样，必须塑造个性。这样的微博具有很高的黏性，可以持续积累粉丝与专注，因为此时的你有了不可替代性与独特的魅力。

微博就像一本随时更新的电子杂志,要注重定时、定量、定向发布内容,让大家养成观看习惯。当其登录微博后,能够想着看看你的微博有什么新动态,这无疑是成功的最高境界,虽很难达到,但我们需要尽可能出现在他们面前,先成为他们思想中的一个习惯。

微博的魅力在于互动,拥有一群不说话的粉丝是很危险的,因为他们慢慢会变成不看你内容的粉丝,最后更可能是离开。因此,互动性是使微博持续发展的关键。第一个应该注意的问题就是,企业宣传信息不能超过微博信息的10%,最佳比例是3%~5%。更多的信息应该融入粉丝感兴趣的内容之中。

“活动内容+奖品+关注(转发/评论)”的活动形式一直是微博互动的主要方式,但实质上奖品比你那个企业所想宣传的内容更吸引粉丝的眼球,相较赠送奖品,你的微博能认真回复留言,用心感受粉丝的思想,才能换取情感的认同。如果情感与“利益”(奖品)共存,那就更完美了。

任何一个营销活动,想要取得持续而巨大的成功,都不能脱离了系统性,单纯当做一个点子来运作,很难持续取得成功。微博营销虽然看起来很简单,对大多企业来说效果也很有限,从而被很多企业当做可有可无的网络营销小玩意儿。其实,微博这种全新形态的互动形式,他的潜力又有多少人能看清,发挥出的作用很小的原因是你本身投入的精力与重视程度本就不高①。

企业想要微博发挥更大的效果就要将其纳入整体营销规划中来,这样微博才有机会发挥更多作用。

微博粉丝众多当然是好事儿,但是,对于企业微博来说,“粉丝”质量更重要。因为企业微博最终的商业价值,或许就需要这些有价值的粉丝。这涉及微博定位的问题,很多企业抱怨:微博人数都过万了,可

①张晞,刘洁. 微博营销:Web2.0时代的营销变革[M]. 南宁:广西科学技术出版社,2012.

转载、留言的人很少,宣传效果不明显。这其中一个很重要的原因就是定位不准确。假设自己为玩具行业,那么就围绕一些你产品目标顾客关注的相关信息来发布,吸引目标顾客的关注,而非是只考虑吸引眼球,导致吸引来的都不是潜在消费群体。在这个起步阶段很多企业博客陷入这个误区当中,完全以吸引大量粉丝为目的,却忽视了粉丝是否目标消费群体这个重要问题。

企业微博定位专一很重要,但是专业更重要。同场竞技,只有专业才可能超越对手、持续吸引关注目光,专业是一个企业微博重要的竞争力指标。

微博不是企业的装饰品,如果不能做到专业,只是流于平庸,倒不如不去建设企业微博,因为,作为一个"零距离"接触的交流平台,负面的信息与不良的用户体验很容易迅速传播开,并为企业带来不利的影响。

微博不会飞,但是速度却快得惊人,当极高的传播速度结合传递规模,所创造出惊人的力量有可能是正面的,也可能是负面的。因此,必须有效管控企业微博这把双刃剑。

很多用户把微博定位成短信,然后随笔、聊天。的确如此,但是对于一个企业微博来说,就不能如此。我们不是明星大牌,也不是普通百姓,我们开设微博不是为了消遣娱乐,创造企业的价值是己任,任何不以创造企业价值为目的的企业微博都是"耍流氓"。

想把企业微博变得有声有色、持续发展,单纯在内容上传递价值还不够,必须讲求一些技巧与方法。比如,微博话题的设定,表达方法就很重要。如果你的博文是提问性的,或是带有悬念的,引导粉丝思考与参与,那么浏览和回复的人自然就多,也容易给人留下印象。反之带来新闻稿一样的博文,会让粉丝想参与都无从下手。

所以,在微博营销中要掌握以下十大原则。

一、真诚原则

真诚不仅是微博营销的基本原则，其实也是做任何事、做任何互动交流的基本原则。微博营销绝对是一个以年计算的长期行为。微博上的交朋友和现实中交朋友一样，好的声誉就是财富。而积累良好的声誉需要时间，而没有真诚的互动就不可能获得良好的声誉。

二、乐观开朗原则

在现实中，人们更愿意和乐观开朗的人交朋友。微博上的互动交往也不例外。除了“嫉妒”你的乐观开朗外，没有人会讨厌你的幽默感，没有人会讨厌你与他分享快乐。

三、宽容原则

宽容意味着大气和绅士风度，而苛刻意味着小气和“独裁”，没有多少人会喜欢苛刻性格的人。当然，宽容不意味着没有价值观，不意味着凡事做“和事佬”“和稀泥”，相反的，你应该有鲜明的价值观，并且坚持这种价值观，不随波逐流，左右摇摆。一个好的例子是：谷歌在“不作恶”价值观上的坚持为其赢得了巨大的声誉。摇摆、随波逐流与真诚原则相抵触，势必对品牌形象带来严重的损害。

四、个性魅力原则

在微博推广上做推广的企业和个人很多，微博营销因此也竞争激烈，千篇一律的营销手段将使得受众产生审美疲劳，只有那些具有个性魅力的微博帐号（其实是帐号后面的微博营销者）才能脱颖而出。如同现实生活中一样，个人“品牌”最有价值的核心部分是个性魅力。据美国总统选举研究，总统候选人的个人魅力是美国民众在选举投票决定时的关键因素之一。微博营销者这个角色至关重要，因为他（她）就是你的企业的网络形象大使，他（她）的个性魅力代表了企业的个性魅力。

五、利益原则

能满足粉丝内心需求的事物都是需要我们去创造的。比如戴尔经常通过微博发布一些打折信息和秒杀信息。

六、趣味原则

实际上，我们发现，无论是在国外的大twitter上，还是在国内的新浪微博、腾讯微博上，幽默的段子、恶搞的图片、滑稽的视频总是获得大众的青睐——男女老少皆宜。适度地与你的朋友分享这些好玩的东西有百利而无一害。一般情况下，包含有广告内容的营销消息，更需要以有趣的方法引起围观、号召大家参与。

七、互动原则

微博有奖转发活动是一直都是微博互动的主要方式，但实质上，更多的人是在关注奖品，对企业的实际宣传内容并不关心。相较赠送奖品，微博经营者认真回复留言，用心感受粉丝的思想，更能唤起粉丝的情感认同。这就像是朋友之间的交流一样，时间久了会产生一种微妙的情感连接，而非利益连接，这种联系持久而坚固。当然，适时结合一些利益作为回馈，粉丝会更加忠诚。

八、创新原则

微博这一新生事物在全球范围内都是刚刚商业化应用不久，加之自身非常高的扩展性，使得微博营销的模式具有很大的探索空间。抓住机会，有效创新，就可以从中轻松获益。

九、保持热度的原则

为了让微博信息保持一定的热度，你可以有意设置一些问题让别人来答疑，甚至可以掀起一些辩论、争吵，让你的消息及其回复不断地引起波澜，产生震动。

十、连续发布的原则

在确保微博质量前，要定时、定量、定向地发布内容，让用户不断地能获得该产品品牌的最新资讯，不要让自己的微博快速地被淹没。

许多参与微博营销的企业，多数停留在用有奖活动聚集粉丝的初级阶段，应该看到用这样的方法聚集起来的粉丝不能算精准受众。更好的方法是发布产品知识、搜索关键词、开展话题讨论，找到对一些特定关键词和话题有兴趣的受众，还有就是要花大力气积极与用户互动。一些企业微博营销的通病是只发布信息，不与跟随者交流，这样就会使热情起来的粉丝失去激情。2008年，美国总统大选中奥巴马用微博作为参选工具，一般人只了解他的竞选团队用微博发布行程的特点，但是这个竞选团队对所有访问者都是一一主动追踪回复的。总统竞选对回复访问者都会如此耐心和细心。

微博营销是以传播学理论为基础，营销学经典理论与案例为指导，集成以往网络媒介营销手段的一种营销途径。但是微博营销依然表现出个性的特征：①注册简单、操作便捷、运营成本较低、方便实现"自营销"。微博具有媒体属性，是将信息广而告之的媒介，但是与其他媒体相比，微博注册免费、操作界面简洁、操作方法简易(所有操作基于信息发布、转发、评论)、又有多媒体技术使信息呈现形式多样，而运营一个微博账号，不必花大价钱架构一个网站，不必有多专业的计算机网络技术，也不需要专门拍一个广告，或向报纸、电视等媒体支付高额的时段广告费用等，充分利用微博的"自媒体"属性，做好"内容营销"即微博营销的王道。②微博营销的"品牌拟人化"特征更易受到用户的关注。社交媒体时代，传播强调人性化与个性化，"官方话"和"新闻稿"除了在严肃事件中扮演信用角色，在这样一个社交与娱乐至上的场所就显得格格不入。企业用一个很人性化的方式去塑造一个自身的形象，不仅可以拉近和受众的距离，达到良好的营销效果，而且品牌的美誉度和忠诚度会大大提高。品牌拟人化，是指通过饱含个性、风趣、人情的语言，使品牌账号富有"人"的态度、性格与情感，真正与消费者互动，从而获得消费者的认可，这种认可不是传统的单纯的买卖关系，也不是粉丝的追捧，而更像是建立并维系一种“友情”关系。这样品牌的忠诚度和美誉度就很强，用户就会支持这个企业的产品，而且还会主动地参与到这个品牌的塑造过程，也是实现口碑营销的绝佳途径。且在SICAS的消费行为模式时代，品牌拟人化更能够在每一项消费环节中发挥作用。③多账号组成的微博矩阵，在保持整体协作的企业文化同时，便于针对不同的产品受众进行精准营销。微博矩阵是指在一个大的企业品牌之下，开设多个不同功能定位的微博，与各个层次的网友进行沟通，达到360度塑造企业品牌的目的。换句话说矩阵营销是内部资源在微博上最优化排布以达到最大效果。④微博造星，可以借助知名微博主的影响力进行营销。

微博的传播机制建立在六度分格、二级传播等人际传播理论的基础之上，换句话说，微博中的社交关系是现实社交关系链的扩张性虚拟迁徙。微博的影响力同时也代表了一种关系的信用值，按照新浪微博的计算方法的话，微博影响力由活跃度（原创微博、转发次数、评论次数、私信数）、传播力（原创被转发与被评论数）和覆盖度（即粉丝数）共同决定。借助拥有大量粉丝人气和较高影响力的微博主的平台，一则可以和更多的潜在用户接触，达到广而告之的效果；二则扮演意见领袖的人往往也具有消费引导的功能。或是具有某些专业领域的特征，或是一些生活趣味的汇集，或是提供娱乐讯息，或是对社会热点有明晰的评论与态度，或是仅仅是靠语言个性魅力打动人。微博是无可争议的自媒体，借具有大量粉丝受众的微博账号做推广，也是一种打广告的方法。值得一提的是，这种方法和渠道多为营销公关公司利用，开展专业的微博营销有偿服务业务，且根据粉丝量的多少不同微博账户有收价等级。

华为利用微博营销开展“华为荣耀为爱续航节”LBS互动活动：为Honor设计专属签到勋章，跨媒体平台整合“开开官网”+“移动客户端”+“新浪微博”强势自媒体。在短短一周的时间内，影响人数过50

万，活动实际浏览量超100万，实现LBS签到12799次，微博同步传播过万，SNS互动传播超5万，共覆盖127家核心论坛，精华/热帖推荐9频次。

百事通过结合当下年轻人参与程度最高的六大领域——音乐、电影、运动、设计、科技和创业，发起“百事挑赞”系列营销活动；同时，百事不再执着于一贯的大牌明星线路，活动邀请12位在6个领域具有挑战(LIVE FOR NOW)精神的代表人物一起来参加，对活动也起到了一定的引领作用。同时在微博等社交平台上进行线上宣传，号召更多年轻人参与到话题和讨论中，与线下实践相结合。

第八节　发展趋势

一、社交媒体的边界在消失

“社交媒体”通常是指如Facebook、Instagram等通过用户生产内容，实现与他人进行交流的平台。但移动互联网的发展使所有媒介都呈现“泛社交化”的特点，传统的社交媒体平台已很难与视频分享服务、博客网站等平台划清界限。

一些传统意义上的社交媒体平台，如Snapchat，一直拒绝“社交媒体”的标签；Twitter也将自己从苹果应用商店的“社交”分类转至“新闻”分类，由此还为自己带来了更高的下载量。这些公司纷纷试图撕掉“社交”的标签，从利益角度考虑，是为了能够发展多元化业务，新闻、游戏、支付等都成为社交媒体平台吸引用户群的拓展方式。社交媒体巨头Facebook自2015年开始与新闻和内容出版社合作，开辟新闻版块；2018年11月开始与英国第四台合作，制作自己的新闻节目；从2017年开始投资数十亿美元深耕视频内容。

二、以视频服务为中心的网络格局已形成

随着网络传输技术的发展以及智能手机功能的优化，社交媒体的内容形态逐渐从文字转向了图片和视频，其中视频以更加直观的优势受到了各平台的重视①。根据思科公司的一项调查显示，视频流量正在逐年增长，2017 年 70% 的网络数据流都来自于在线视频，包括社交媒体中的短视频、视频电话以及视频分享网站等。数据显示，2017 年全年，英国互联网中的视频需要 250 万年才能看完。庞大的数据体现了智能互联时代，用户感官需求的变化。

从流媒体平台来看，英国《2019 年国家媒体报告》(Online Nation Report)显示，47% 的英国家庭订阅了 Netflix、亚马逊 Prime 视频、Now TV 或 Disney Life，观众的行为继续从传统广播电视转向在线视频服务。从视频分享平台来看，凭借其短视频传播优势，视频分享平台已取代了社交平台和搜索引擎的部分功能，成为集分享、社交、搜索为一体的综合性应用平台。以最受关注的视频分享平台 YouTube 为例，平均而言，英国成年人每天约花半小时登录 YouTube，其中大部分人是听音乐或看视频。值得注意的是，有 57% 的人是在观看经验分享类视频，仅 2019 年，就有 40% 的英国成年人使用 YouTube App 进行搜索操作。视频以其简明、直接的优势，成为人们获取信息的主要方式。

三、新技术将催生新一代媒介

近年来移动传播设备一直都以智能手机占主导地位，但随着人们对交互性和参与性体验的需求增加，其他可移动设备的使用量也在大幅增加。例如，根据 e Marketer 的调查显示，2018 年英国已有 950 万人使用智能音箱，比 2017 年增长 98.6%，2019 年预计增长 1/3。虽然 2019 年用户使用移动设备进行搜索首次超过电脑，但随着移动技术的发展和移动设备的变革，未来搜索领域极易被其他更便捷的语音助手所

①张晞，刘洁．微博营销：Web2.0时代的营销变革[M]．南宁：广西科学技术出版社，2012.

代替。

另一个正在快速变革的领域是视频技术。YouTube、Facebook、BBC等媒体平台，一直在发展360全景视频（360video）与虚拟现实技术（VR），相继推出沉浸式的全景观赏视频及应用，给用户带来颠覆性的媒介体验。BBC在2016年就利用360全景视频技术摄制了一期技术节目《Click》，受到了广泛关注。

第三章 话语分析

话语分析是话语管理的基础，通过分析社交媒体中的语言特征、话语意图等，可以有效规避企业社交媒体话语中隐藏的公关风险。跨国企业在跨文化交际中面临着与国内企业管理不一样的语言挑战和困难。正所谓“成也萧何败萧何”，新兴的社交媒体虽然提供了跨文化交际全新的方式手段，但是在当今社会，因话语管理的失败给企业发展带来灾难性的后果的案例比比皆是。本章系统梳理了话语分析与语言转向的关系、话语分析的概念及理论基础、话语分析的发展、研究分类以及话语分析、叙事分析和内容分析的比较。这为第四章话语分析的实证研究提供了研究方法和思路。

话语（Discourse），主要指语言在特定社会情境下的使用和表达形式。与传统语言分析方法不同的是，话语分析超越了以词句或语法规则等为主的语言内部规律的考察，而将研究重点扩展到语言在社会情境（Contexts）下的应用领域方面，即人们如何使用话语、如何构建（Construct）话语的社会意义以及如何通过话语互动、交流和参与社会实践并以此实现预期目标等研究问题上。在揭示语言的使用特征以及语言与社会形态和社会活动之间复杂关系的同时，话语分析进一步加深了人们对人类社会内在机制和变化规律的理解。

作为一种社会实践，管理活动与“作为社会文本”的话语之间自然具有密不可分的天然联系。任何组织无时无刻不在大量地产生各种类型的话语，包括组织使命、规章制度、工作计划等书面文件和以对话和口头交流为表现形式的各种口语话语，以及诸如符号、图形、图像等非文字的表达素材。组织内外的各种活动，如计划、组织、协调、领导、控制与合作等，也离不开个体间、群体间和组织间的话语交流和互动。实际上，话语不仅是管理实践中最重要的交流工具，而且也映射和构成（Constitute）人们之间的社会关系和权力结构，并以此影响人们的意识和理解，进而引导和塑造个人、群体和组织的行为。例如，即便是讨论同一主题，说话者与受话者之间在社会地位、相互关系、话语表达、回应方式等方面的差异会导致某一方甚至双方产生不同的理解，并由此导致不同的行为方式和结果。从话语的角度看，我们甚至可以将组织管理定义为“在特定社会和组织情境下，人们以实现预期目标为导向来创造、生产和传播话语，形成理解与意识/意图，并以此影响他人行为的一系列话语实践活动”。对管理研究者来说，话语的重要性更加明显：不仅所有的管理知识，包括理论、概念表达、经验陈述等无不属于话语产物，而且管理研究也是在特定语境条件下对指定话语素材（如问卷收集的数据、访谈材料和文字材料等）的检验和分析。毫不夸张地说，没有话语，一切管理活动都将陷于停顿，甚至连管理学也不复存在。

既然话语对组织管理实践和管理研究如此重要，难怪在过去30年间，特别是21世纪以来，以话语分析为主题的管理研究文献数量急剧增加。话语分析倍受管理学者青睐的主要原因，首先在于它极大地提升了对经验数据（如访谈记录、文件或文字）的分析质量。例如，作为话语分析的核心技术之一，互文性（Intertexuality）分析为研究者提供了检验某一话语/概念与其他话语之间相互联系和溯源的研究工具。话语分析也促进了“批评管理研究”（Critical Management Studies）和“反思性方法论”（Reflexive Methodology）的发展。这两种方法有助于研究者挖掘和揭示隐藏在语言背后的意识形态、权力结构、偏见、个人价值观念等，从而通过建立对经验数据的多重阐释来提升研究质量。

不过，话语分析对管理研究更积极的重要意义还在于它吸纳语言研究的最新成果并将其融合到管理研究中，从而超越了传统管理研究只注重研究组织实体结构和行为的狭隘视角，为理论创新和发展提供了更加宽广而深远的全新视野。例如,传统管理研究中大量使用诸如“组织”“经济”“市场”等语词(或概念),仿佛这些语词描述的事物在人类社会先天存在,而相应的语词与这些事物之间存在着一种一一对应的自然指涉关系。然而,根据语言学研究,语言或“话语”绝非如镜子般地直接反映社会实在,而且语词与事物之间也不是简单的一一对应。从话语分析的角度看,“组织”“经济”“市场”等语词(或概念)实际上是一种社会建构(Social Construction),即它们是经由一系列区分、固定、命名、标签、分类与联系等话语组织(Discursive Organization)的过程产生的。语言从来不是什么独立于经验、现象、行为的东西。语言与世界之间的关系受到社会规范、传统、习俗、历史等众多因素的影响。人们依赖语言的帮助描述事物,但是语言本身就包含了对事物的分类。事物自身没有明确区分,是语言才把事物区别开来。因此,语言产生意义,并以此使得人们认识和理解世界。对人来说,现实在语词的水平上成像。

语言还在社会实践中发挥积极的构建作用。一旦语词和概念被人们赋予相应的意义,人们又会根据各自对这些语词(或概念)的理解建立主观意识并以此在社会实践中指导自己的行动。韦森教授曾经指出:“人类——唯独人类——之所以有市场交换和交易行为,之所以在种种社会活动和市场交易中会产生一些习俗、惯例和制度,究其原因,就是因为人类有并使用语言。有了语言,人才有理性、道德和正义感,才有种种社会礼俗、文化传统、商业惯例和制度规则”。

由此可见,管理实践乃至管理研究问题不可避免地涉及语言和话语问题。话语分析从语言自身的特征以及语言与社会情景的角度为管理研究另辟蹊径,将关注点落在话语与组织活动、行为、行动、程序和结构的关系、话语对组织行为和管理活动的影响以及这些影响导致的后果等不同的视角上。这些思路和分析路径无疑从广度和深度上将会把管理研究推向一个更高的境界。

第一节 话语分析与语言转向

语言是人类所特有的符号系统。对人类来说,语言不仅为人类提供了最重要的交流和交际工具,而且也是人类思维的中介。人们需要通过语言的帮助认识客观世界和自我并以语言为工具进行思考,而语言又反过来影响人的决策和活动。英国伟大的思想家霍布斯认为,语言使人类具有一种主动的思维:人类不仅可以运用语言推理事物的因果关系及其后果并形成相应的知识,而且可以根据这种知识对未来进行计划和行动。例如,人们通常将动物分为“宠物”和“非宠物”两类。这种分类背后隐含着对不同类别动物的态度和由此衍生的行动。实际上,这种区分完全是人类通过其语言强加给自然界的,而这一分类反过来又必然影响和塑造人的思维和世界观。语言就是这样赋予世界以意义并按照人类的兴趣、价值观和行为对它进行分类和组织。难怪海德格尔断言,语言总是先于人而存在。因此,语言是存在的寓所,是人类的精神家园;不是人说语言,而是语言说人。

正是由于认识到语言属于人类特有的本质,而且语言自身的符号系统性以及语言与人类思维乃至社会实践之间存在着千丝万缕的复杂联系,从古至今,很多先哲和思想家们试图通过研究语言来探索人类的奥秘。不过,直到1916年索绪尔(F.de Saussure)的《普通语言学教程》这部扛鼎之作付梓出版,语言学才真正成为一门专业学科。在这部具有划时代意义的著作中,索绪尔对语言以及语言研究提出了一套系统的理论、原则和概念,使他成为当之无愧的现代语言学奠基人。此后,美国语言学家乔姆斯基(Noam Chomsky)提出了“转换生成语法”理论,进一步推动了现代语言学的发展,为人们研究语言的结构和内在逻辑以及语法规则提供了严谨而精密的理论模型与分析框架。

随着对语言特征了解的逐步深入,人们不再满足于对语言形式和结构的抽象分析,转而探索语言的使用问题乃至语言对人类和社会的影响。例如,虽然索绪尔认识到人类的语言活动涉及语言体系本身和语言使用两个方面,并且将语言(Language)与具体使用语言表达的言语(Parole)区分开,但是他关心的是抽象的语言本身而不是语言使用问题。在强调语言内在逻辑和规则的同时,索绪尔将语言看作是静止的、孤立的、封闭的和抽象的符号系统,而无意关注语言表达的意义以及语言之外却对语言应用和表达具有决定性影响的背景因素,包括文化、政治、经济、社会等情景因素。在实际生活和社会实践中,人们使用语言的目的和所期望实现的社会功能与他们所处的社会规约等背景条件紧密相连、密不可分。因此,人们不可能将语言与使用语言的环境等因素割裂开来去研究人类如何使用语言、语言如何表达意义以及语言怎样对人类活动产生影响等诸多问题。自20世纪60年代之后,越来越多语言学者开始关注社会情境(Social Context)对语言的形式、功能与意义转换的影响。这种对探讨语言应用功能和语言对社会影响的迫切要求,最终推动产生了一个以语言学为基础并跨越不同领域的综合学科——话语分析。

"话语分析"的出现意味着在社会科学研究领域发生了库恩所指的重大范式转变。从哲学角度上看,话语分析的出现是过去近半个世纪里西方哲学界"语言转向"(Linguistic Turn)趋势导致的必然结果。从19世纪末到20世纪中期,在经历了古希腊形而上学以及近代理性主义与经验主义之争后,很多西方哲学家们意识到,由于语言在思维和传达知识方面的独特作用,传统哲学中的"思维""意识""感知"等问题,本质上都可以归结为语言问题。同时,很多概念含混、推理混乱等哲学问题,也是由于语言混乱造成的。语言的独特之处在于语言自身就是一种可以构造、呈现和表征的自组织系统;人们在使用语言表达的时候,不仅会发生语言规则与现实规则的互动,而且还会出现语言使用者与各种规则体系的互动。由于所有的概念都牵扯到语言,当概念思辨明确成为哲学的主要工作时,“语言转向”也就自然而然地发生了。由此,语言问题上升为哲学问题,而语言本身成为哲学分析的中心,成为一种新的、有关人类认知的分析范式和知识参照体系①。

这一时期很多哲学家和语言哲学家,如海德格尔、奥斯汀、巴特、福柯等,从不同的角度研究语言与社会之间的关系。他们认为,语言绝不是静态或“客观”地反映世界,或者再现实在的符号体系,而是代表着一种深深根植于文化、权力、知识规范等社会现实和历史继承的、深层次的“社会建构”。语言的意义表达并非绝对的、孤立的和规则的,而是与一定的社会文化价值体系和意识形态紧密关联,并随着交际主体的文化特征、权力地位以及言者、听者和周围的场景和时间而变化。语言既是人类生活的反映,同时也构建着人类生活,并对后者产生非同一般的影响。由此推理,人类的本质、所有认识问题以及社会问题,包括道德、知识生产和传递,甚至整个人类社会制度等,统统都可以从语言研究中找到线索。

导致“语言转向”对社会科学领域造成重大冲击的另一股力量,是在批判西方社会现代性的过程中成长起来的后现代主义思潮。现代性在社会科学领域中表现为以实证主义为特征的科学方法在各个学科中都占据了绝对统治地位,从而成为“唯一”具有合法性的知识生产路径。实证主义者认为,语言只是一面反映客观实在的“透明”镜子或者中介,而不是分析的对象;研究的目的不在语言本身而是“透过”语言发现人类社会真实的、具有一般性的客观规律。后现代主义者却认为,由于意识形态、文化、历史等社会因素先于人而存在,研究者与被研究者的“主观意识”根本无法避免。因此,任何社会研究的发现本来就是个体(包括研究者、被研究者和研究结果的读者)之间的互动沟通、诠释和协商的结果,因而带有强烈的社会意识形态和权力结构的特征。在这一研究过程中起关键作用的恰恰是语言,因为人们不仅使

①施旭. 话语分析的文化转向:试论建立当代中国话语研究范式的动因、目标和策略[J]. 浙江大学学报(人文社会科学版),2008,38(1):131-140.

用语言沟通和交流，而且通过语言认识外部世界并构建（Constructing）主观意识。同时，由于个人对语言的理解会随着主观经验以及情景而变化，语言的意义是模糊的、零散的和不确定的。那么，研究发现：不是要找到一种完整的理论支撑结构，来把分析引向毫不含糊的、符合逻辑的结果和解释，而是尽力寻求多重性、变异、对非一致性和分裂的解释及多重解释的可能性。这样，语言理所当然地成为研究者必须关注的重要研究对象。

“语言转向”意味着对语言的研究不再局限于语言学专业，而成为其他社会学科研究的对象，而对语言的研究具有促进人类重新认识世界、认识自己以及定义、诠释甚至解决社会问题的普遍性意义。因此，话语分析虽然发轫于语言学，但是很快被众多社会学科接受，并呈现出强劲的发展趋势。相应地，话语研究的重点从语言形式、结构、语法规则和词义等语言“内在的”问题上，转向语言情景（语境）等要素、说话者与接收者之间的相互作用以及话语表达与个人价值观念、文化、事实、社会实践和事实再现等语言“外部的”关系层面。

第二节 话语分析的概念及理论基础

话语分析（discourse analysis）是研究语言的一种方法。通过对实际使用中的语言的观察，探索语言的组织特征和使用特征，并从语言的交际功能和语言的使用者的认知特征方面来解释语言中的制约因素。话语分析既是一种应用理论，也是一种研究方法，使我们更加详细地了解话语究竟是如何被组织、使用和理解的。它既涉及符号学和语言学的基本理论，又涉及文本意义和话语的深层次意义，以及作为背景的规则、权力、社会语境等。话语分析被广泛应用于当代许多科学领域，如哲学、美学、文学、史学、政治学、社会学、心理学、传播学、文化学、国际关系学等，揭示话语如何由权力与意识形态的关系构成以及话语对于社会身份、社会关系、知识和信仰体系的建构性作用，揭露隐含的意识形态，进行批判性反思。

在索绪尔的《普通语言学教程》中将人类语言现象区分为两个维度：langue（语言）和 parole（言语），语言是语言共同体成员心中的语法体系，言语是人们平时所说的那些话。根据此理论，索绪尔所使用的“话语”概念，就是“口说的词的组合”，即有声的言语行为。学者赵为学认为，这应该是话语在学科意义上的原初含义了。

随着各个学科理论（如阐释学、符号学、语言学等）的发展，文本（text）也被理解为一种话语。学者波林·罗斯诺给话语下的定义是，“所有被书写、被言说的东西，所有引起对话或交谈的东西”。

然而社会话语理论家一反传统语言学的反映论立场，强调话语对社会现象、社会关系、自我身份的建构作用，话语又被引入更为广阔的文化领域，如米歇尔·福柯的“圆形监狱”理论。美国学者 James·Paul·Gee 在《话语分析入门：理论与方法》一书中，也认为话语是一种普遍的文化现象。

话语在心理学、人类学、社会文化学等学科领域的概念界定各有侧重。本节借用霍尔（Stuart Hall）的总结，认为话语内含最大的包容性，即“‘话语的’成了普遍的术语，用来指称把意义、表象和文化视为构成性的任何途径”。

1952 年，美国《语言》杂志第 28 卷，美国结构主义语言学家哈里斯（Z.S.Harris）在一篇题为《话语分析》的文章首次提出“话语分析”这一术语。1985 年，由荷兰语言学家梵·迪克主编、世界各地话语研究者撰写的《话语分析手册》出版，梵·迪克认为“可以看作是这门新的跨学科独立和自我体系形成的标志”。

学者何兆熊在《话语分析综述》一文中认为，对话语进行分析可从以下两大方面着手：一是剖析话语的结构；二是解释话语的连贯性。

这种说法侧重于从语言学及话语功能的角度对话语分析进行描述。美国学者James·Paul·Gee写作《话语分析入门:理论与方法》一书的语言理论为:“语言只有在社会实践中并通过社会实践才能产生意义。”由此可以说明,话语的社会作用在于构建各种至关重要的实体,并以不同的方式将人们置于社会主体的地位。

话语分析,则是以揭示话语如何由权力与意识形态的关系所构成以及话语对于社会身份、社会关系、知识和信仰体系的建构性作用。

话语分析的另一个关注点是历史变化,即不同的话语如何在不同的社会条件下结合起来,通过变异、变化和斗争,建造一个新的、复杂的话语,从社会历史的角度具体说明变化的话语结构。

话语分析作为一个理论,具有强烈的批判立场,如罗兰·巴尔特的符号内涵结构分析、梵·迪克的话语认知处理研究、列维·施特劳斯的神话学研究、巴赫金的对话理论、福柯的话语权力论等。话语分析不承认现行社会制度的合理性,所以揭示话语内含的意识形态,解构表面意义,阐释出背后的深层意义及不平等的权利关系①。

话语分析也是一种定性的研究方法,不同于定量的内容分析,大体来说,后者是建设性的,而前者是批判性的。内容分析的着眼点在于通过分析具体的传播内容,提出切实可行的改进建议和调整思路,话语分析则侧重揭露隐含的意识形态,并不提出建设性意见。

尽管话语分析在其发展过程中吸收了来自不同社会学科的理论和方法,包括修辞学、语言学、认知科学、社会学、心理学等。但是,正如凡·戴克(Van Dijk)指出的,话语分析的基础理论更多地与符号和语言共享相同的视角。笔者将介绍三种对话语分析具有奠基意义的基本理论,即符号学(Semiotics)、言语行为理论(Speech Act Theory)和系统功能语言学(Systematic Function Linguistics,SFL)。

①施旭. 话语分析的文化转向:试论建立当代中国话语研究范式的动因、目标和策略[J]. 浙江大学学报(人文社会科学版),2008,38(1):131-140.

一、符号学

语言研究与符号研究之间具有一种“你中有我、我中有你”的天然联系。实际上，符号学的创立确实得益于大名鼎鼎的瑞士语言学家索绪尔。他在《普通语言学教程》中明确地提出了建立“符号学”的主张，并认为“语言的问题主要是符号学的问题，我们的全部观点都从这一基本事实获得理由。要发现语言的真正本质，首先必须知道它跟其他一切同类系统有什么共同点”。

在英语中，“符号”有不同的表达形式，如 Notes、Mark、Signs、Symbols 等。符号可以是抽象的图形、数字、语言、标记、标示、声音，也可以是建筑、造型，甚至人物或事件。今天“符号学”的英文 Semiotics 即来源于希腊语 sēmeiōtikos，原意为对记号的解释。符号学除了研究语言之外，也研究非语言符号，如表情、动作、姿态、视觉图像等。不过，语言是所有符号系统中最重要的，因为任何符号系统都需要依赖语言加以阐述和诠释。

人们创造符号的目的在于满足人类认知和社会交际的需要。一般地说，符号具有两大功能。第一，符号具有认知功能。只有通过创造和构建符号，人类才能将对世界的理解转化为知识，并加以传播和保存。因此，人类认知行为本身是一种符号化的过程，而符号又有利于人们进一步理解和认识客观世界。可见，符号既是人类认知的来源，也是认知的中介和手段。第二，符号具有社会交际功能。社会交际的实质是交换内容或意义，而这些内容或意义只有通过符号才能得以表达和传递。

那么，语言作为符号系统的特征是什么呢？索绪尔提出关于符号的“二元理论”。在索绪尔看来，语言（主要指词汇）并非像人们普遍认为的那样，是事物与名称的对应，而是一个两面实体（Dyad）：一面是音响形象，也称“能指”（Signifier），而另一面是“意义”，即“所指”（Signified）。通俗地说，能指属于语言的形式，是形体，而所指并非实物，而是心理概念。符号的内在意义"所指",只有通过具有具体表现形式的"能指"才能完成传递。因此,符号就是"能指"和"所指"的统一整合体。

索绪尔进一步提出了语言符号的"任意性"(Arbitrary)概念,而且认为这是语言的头等原则。语言的任意性指语言符号的能指(声音形象)与所指(概念)之间并没有必然的内在联系,而是任意的。以前的传统哲学观点(如柏拉图学派的本体论)假设,语言世界和非语言的现实世界之间存在一一对应的直接联系,即语言是对现成存在事物或现成存在概念的命名。而索绪尔的任意性原则指出,语言符号的能指与所指之间的关系并非建立在预先确定的概念之上。例如,我们在前面曾经举出汉语可以用"水"指物质的水这个概念,而英文却用"Water"来指这个概念。世界上有上千种语言,它们的"能指"差异很大(例如读音不同),但都能表达本质上"所指"代表的同一概念——"水"。正如陈嘉映指出的,"任意性原则的深义是:概念是对浑然未分的连续的现实任意划分的结果"。不过,语言具有任意性的意思并不等于人们可以自由选择语言符号。在语言系统中的"能指"与"所指"之间的关系是约定俗成的,是人们多年实践积累的结果。

与索绪尔同时代的美国哲学家皮尔士(C.S.Pierce)提出了一套符号三元论,即符号作为符号形体(Representamen)通过符号解释(Interpretant)来指向它的符号对象(Object)。由于引入了符号对象,皮尔斯的三元论将符号与符号形体所表征的客观事物或概念联系在一起,皮尔斯的符号理论就比索绪尔的"能指/所指"概念的含义更加宽泛。应用皮尔斯的符号理论可以很方便地解释所有的符号现象。"例如商店的招牌是符号,招牌上的文字或图案是符号形体,他所指代的商店是符号对象,文字和图案所传达的讯息是符号解释"。

索绪尔和皮尔斯的理论奠定了符号学的理论基础。此后,法国的格雷马斯(Greimas)和巴特(R.Barthes)、意大利的艾柯(U.Eco)以及俄罗斯的巴赫金等人都对符号学的发展做出了巨大贡献。

符号学对话语分析的影响是毋庸置疑的。例如,索绪尔的能指/所指概念和“语言任意性”原则指明了语言与社会的互动作用。其深层意义在于,语言具有编码功能和生成价值功能,因此它是用于社会生活中创造意义的资源手段。换句话说,语言不仅仅反映现实(或者它的存在不是为了表征预先确立起来的概念),也用于创造社会现实……语言绝非是理解现实的依附品,它在社会的建构中起着重要的作用。当代著名语言学家韩礼德在研究语言的社会功能时,将语言定义为“社会符号”,并提出“在社会文化语境中解读语言,从符号的角度将文化本身解读为信息系统”的主张。韩礼德结合语言学、符号学和社会学理论而创立的“社会符号学”,促进了“批评话语分析”的发展。随着信息技术的飞速发展,当代社会的话语不仅仅是语言形式,而且包含大量非语言符号(如手势、动作、视觉图像等),呈现出复合型多模态的符号特征。符号学为分析和解构多模态话语(Multimodal Discourse)内含的“意义”提供了有力的工具,并催生出多模态话语分析这一崭新的话语分析方法。

二、言语行为理论

言语行为理论一直被当作话语分析的一种有效工具,人们借助言语行为描写单个语句的交际功能并解释它们在语篇中的相互关系。言语行为理论的创始人是英国哲学家约翰·奥斯汀(J.L.Austin)。奥斯汀假设,人类使用语言交际的真正目的不是表达,而是完成一定的行为,即“以言行事”,比如命令、要求、祝愿、请求、提问、道歉、邀请、感叹等,这些行为还会带来某些后果。

在《如何以言行事》中,奥斯汀首先区分陈述句(Statement)与施事句(Performative)。陈述句在逻辑实证主义中占有重要地位。对传统哲学家来说,凡是不能证明真伪的陈述句都是毫无意义的。然而,奥斯汀指出,有些看起来“毫无意义”的伪陈述句本来就不是用来陈述的,而是用来实施的。比如邀请客人来访,而访客一进屋就说:“这屋里很冷。”虽然这个陈述句可能是无意义的(假如房子本来有暖气),但是客人说这句话的意思也许更多的是希望主人提高室温。奥斯汀进一步将言语行为分解为3种行为。第一种为“说话行为(LocutionaryAct)”,即“以言表意”。这个行为又可以抽象地分为三类:发音行为(发出某种声音的行为)、出语行为(使用合乎语法的句子)和表意行为(说出具有某种含义和某种所指的话语)。第二种是“施事行为(Illocu- tionary Act)”,即“以言行事”,指在特定的语境中,赋予话语一种“言语行为力量(Illocutionary Force)”,即俗称的“语力”,表示说者欲有所为。第三种叫“取效行为(Perlocutionary Act)”,即“以言取效”,指说话行为或施事行为在听者身上取得某种效果。

奥斯汀的学生塞尔(J.Searle)继承了“以言行事”的理论内核并加以发展,形成较为完整的“言语行为理论”。塞尔认为,说话的意义等同于行事;话面意义与言外之力是同一句话的两个方面,因此任何语句都带有言外之力。在塞尔看来,不同的话语虽然可以用来表达相同命题,但是其言外行为却可以大有不同,因此建议,必须区分施事行为与某一施事行为的命题内容。引入命题内容这个行为要素之后,塞尔将说出的一句话分为同时实施发话行为(Utterance Act)、命题内容行为(Proposition Act)、施事行为(Illocutionary Act)和取效行为(Perlocutionary Act)。

塞尔认为,言语行为的“意义”不仅与意向有关,而且与惯例或规约有关。从语言的规则出发,塞尔提出了规定规则(Regulative Rules)和构成规则(Constitutive Rules)这样一对重要概念。其中,规定规则来自外在的社会规则,如礼仪规则。在塞尔看来,规定规则对施事行为不起作用,因为说话者都要遵循外部规则行事。真正影响施事行为的是构成规则。当说话人想通过言语来完成某件事时,例如承诺,他/她必须符合以下4种构成规则:①命题内容规则(如做出承诺);②先决条件规则或称预备条件规则(如表示感谢);③真诚条件规则(如真诚地承诺或致歉);④基本条件规则(如提出警告)。

言语行为理论对话语分析的重要意义,在于强调话语是人们改变世界的一种社会行为形式,因为话语必须在社会规约下方能达成行动。言语行为理论中关于规则和以言行事的分类,关于施事动词的讨论和言外之力的概念,均为对话分析提供了有效的分析框架。

三、系统功能语言学

顾名思义,系统功能语言学是从系统与功能两个角度研究语言的理论。SFL的奠基人是著名语言学家韩礼德(M.A.K Halliday),他也是"社会符号学"的创始人。韩礼德的学术思想继承了索绪尔的"语言符号学"、马林诺夫斯基的"语境决定语义论"和弗斯的"语言系统说"等思想,并加以修正、补充和发展,最终建立了比较完整的SFL理论,具有六个核心思想:元功能的(Metafunctional)、系统的、层次的(Stratificational)、功能的、语境的和盖然的(Probabilistic)思想。这里,笔者简要地介绍语言的系统功能、语境以及盖然性等3个主要思想内容。

(一)语言的系统与功能特征

韩礼德将语言看作"系统的系统",也就是一个庞大而复杂的、由多个子系统构成的、相互关联的社会符号系统网络,其中每个子系统都是在特定环境中可以选用的一组语言形式。韩礼德将语言分为3个既相互区别又相互重叠的层次:最高是语义层,其次是词汇语法层,最低是音位层。每一层其实也是一个系统,而且又包含若干子系统。与语言系统紧密相关的是语言功能。韩礼德指出,从本质上讲语言是功能的,并创建了"功能语法"来说明语言系统如何通过不同的功能实现人类使用语言的需要。韩礼德假设语言包含三项元功能(Metafunctions):概念功能(Ideational Metafunction,代表人们通过语言表达各种经历的功能)、人际功能(Interpersonal Metafunction,指人们运用语言参加各种社会交际活动的功能)和语篇功能(Textual Metafunction,即人类具有组织语言，使其本身前后连贯、并与语域[Register]发生联系的能力）。

（二）语境、语篇与语域

语境，是语言发生的环境。在马林诺夫斯基“情景语境”（Context of Situation）和“文化语境”（Context of Culture）概念的基础上，韩礼德明确指出“情景语境”不仅是社会环境之间有规律的关系，而且对语言从功能上加以组织，从而影响语言表达的真正意义。韩礼德和哈桑提出语境由3种要素构成：语场（Field，交际的性质、题材）、语旨（Tenor，交际参与者的角色、身份以及说话人与他们的关系等）和语式（Mode，语言载体形式、交际的渠道、修辞方式等）。语境的作用在于限制了语义表达的意义潜势，使得语义更加具体和明确。

韩礼德和哈桑将语篇定义为一个由意义组成的语义单位（Sentence Unit），而不是形式单位。在SFL理论中，语篇是具有功能的语言。因此，一切能够在一定的语境中发挥作用或实施一定功能的语段都可以被看成语篇。更通俗地讲，语篇就是用来表达一定的社会文化意义的语义单位，指完全不受句子语法约束的在一定语境下表示完整语义的自然语言。长的语篇可以是一部文稿或报告，而短的语篇可以是一张便条、短信，甚至一句问候。语篇受语境制约，是语境的产物。任何一个语境部分的变化都会引起所交流的语义的变化，产生新的语言意义组合。这意味着，任何语境3种要素组合的变化都会产生新的或不同的语篇。这种由于语境三要素随着交际目的和交际场合的不同构成而产生的语篇变体（Variety），SFL理论称作“语域”（Regis-ter）。语域实际上是一种因语境变化而产生的语言功能变体。例如，不同的方言，不同社会阶层的用语，不同的专业，如科技、军事、医学、法律等，就是不同语域的例子。语域最重要的功能是其预测功能，这种预测功能与语域的封闭程度相关。语域的封闭程度越高，预测语言形式的精确性越高。

(三)盖然规律

根据SFL假设,由于语言的意义随着情景因素和交际目的而变化,语言本身并非一个定义精确的系统,具有明显的模糊性。不仅词义有模糊性,短语和句子的意义也有模糊性。因此,研究语言概率可以让人们根据词汇使用的频率来掌握其使用范围,把握语言变化的规律。

语言的这种“盖然的”(Probabilistic)特性,不仅表现在词汇使用方面,也可以类推到语法系统的使用范围上。比较典型的例子是同一个陈述可以有主动语态与被动语态两种方式。在不同的语境下,选择哪一种语法表达形式就是典型的概率问题。例如,在日常口语的对话中,人们更多会采用主动语态的陈述句,也就是主动语态的近似值高于被动语态。但是在某些特定的语境下,例如科技论文,被动语态的出现频率会有所提高。

SFL对话语分析的发展产生了巨大影响。比如,SFL“语境”理论中关于语句之间、语句与上下文之间以及语境与语义之间关系的观点,为话语分析提供了理论参考框架和适用的分析方法。SFL也推动了批评话语分析的发展。据首先提出“批评语言学”的福勒(Fowler)回忆,在寻找语言分析工具的时候,他对乔姆斯基的转换语法缺少分析语言的实际应用这一缺陷感到失望。当读到韩礼德的系统功能语言学时,福勒发现SFL“特别地将(语言)结构与交流功能联系在一起”,立刻觉察到韩礼德的模式正好符合自己对语言描述工具的需要。

第三节　话语分析的发展

历史上,最早的话语分析可以追溯到古希腊的修辞学,而中国最古老的话语分析始于南北朝刘勰所著的文学批评理论著作《文心雕龙》。不过,话语分析作为一个学术概念的提出还要等到20世纪50

年代。

“话语分析”最早由美国语言学家哈里斯（Z.Harris）于1952年发表在Language杂志上的《话语分析》（Discourse Analysis）一文中首次提出。哈里斯认识到，“语言不是发生在零散的词或句子中，而是发生在连贯的话语中”。同年，哈里斯在Language杂志上发表《话语分析：一个简单文本》（Discourse analysis：A sample text）来演示他的“话语分析”方法，并将其称作“分布分析（Distribution Analysis）”。具体来说，哈里斯将话语分为若干基本成分之后，再分析形态音位结构和句法结构。实际上，这仍然是一种纯语言分析。

此后，哈里斯自己并没有继续“话语分析”研究。整个20世纪50年代，话语分析基本上仍然处在诞生之前的沉寂状态。同时代只有另一位学者米切尔于1957年发表了《西兰尼加的买卖》一文，对买卖参与者和买卖对话的语境进行了详细分析。随之而来的20世纪60年代是话语分析的探索阶段。这个时期语言学理论的发展，特别是符号学、语言哲学和功能语法等理论的发展，为后来的话语分析提供了不同的基础理论。

20世纪70年代是话语分析的起步阶段。在这一阶段，不少专著和理论文章问世，丰富了话语分析的理论和方法。话语分析的基本框架开始建立，包括与话语密切相关的概念，如语境等。20世纪80年代和90年代是话语分析快速发展和向多学科渗透和扩展的兴盛阶段。标志性事件是1981年创办了话语分析专业学术期刊“Text”，使话语分析真正成为一门独立学科。这个时期话语分析在理论和方法上都呈现出百花齐放、蓬勃发展的态势，大量专著和研究成果相继问世。话语分析的研究队伍不断壮大，而且从欧美扩展到亚洲和澳洲。使用话语分析作为理论和方法的学科也不再局限于语言学，而是被引进到多种学科，比如心理学、人类学、哲学、教育学、文学、历史学以及计算机科学和人工智能等领域。这种百川融汇和相互渗透的趋势极大地完善了话语分析自身的理论基础和研究方法，并使其博采众家之长成为一门综合性的交叉学科。随着越来越多来自不同学科的学者的加入，话语分析这一新兴学科不断得到完善和改进，在促进人类认识自身和社会现实的同时，也推动人与社会的良性互动。

第四节　话语分析的研究分类

目前，学界对于话语分析主要有两种研究方向，即批评话语分析（critical discourse analysis）以及1999年澳大利亚悉尼大学的Martin教授提出的积极话语分析（positive discourse analysis）。前者立场较为尖锐，研究较多，后者则倡导积极的态度，仍处于初创阶段。

一、批评话语分析

批评话语分析，又称批评语篇分析，简称CDA（Critical Discourse Analysis），作为一门新兴的语言分析方法，它积极广泛地吸收其他社会学科理论并不断地丰富理论结构，具有跨学科性。随着社会发展和大众媒体的广泛传播，铺天盖地的信息无时无刻不在影响着人们的生活和思维。在当前生活下，批评话语意识是获得合格公民权与民主社会称号的前提条件。批评话语分析呈现语言背后潜藏的意识形态和权力之间的关系，有利于增强人们的批判意识和分辨能力。

批评语言学脱胎于韩礼德的功能语法，强调的是语言与社会的联系。批评语言学家经过仔细分析，从语言表达的语法手段入手，描绘出了实现概念功能和人际功能的具体的语言表达路径。首先是从概念功能来看，从属于概念功能表达的及物性分析，即被动语态和名词化；被动语态主要影响到了受众的分类化。名词化当中的名词不仅仅是由动词形式演变而来的名词，也包括具备包含动词意义的名词，如talk，dealing等。动词的名词化所起到的作用有与被动语态相似之处，即掩盖动作的执行者(除非有意通过所有格的形式突出动作执行者)。此外,通过"信息的隐藏",动词名词化模糊了受众对于该动作发生的因果关系的思考,突出地表达了文本中的权威化和非人际化的倾向。从人际功能的角度来看,话语的人际功能主要体现在情态和意态上,情态形式是文本语气的表达形式。它不仅通过情态动词表达出来,也通过其他一些包含感情色彩的形容词,如 right、possible 等表达出来。它大体上表达出的感情状态有:事实或者预测(truth or predic- tion);强制(obligation);允诺(permission);愿望(desirability)。

就 CDA 的理论框架来说,虽然没有一个适用于一切语篇类型的单一的理论框架,但作为 CDA 的理论框架,话语、认知和社会这三个要素却是共同的。CDA 就是对这三个要素进行批评性的分析。按 N.Fairclough 的观点,任何话语都是一种三维概念,即话语由语篇(text)、话语实践(discourse practice)和社会文化实践(social cultural practice)组成。在 CDA 的认知系统中,作为控制和支配的权势是一个中心概念。权势是根据交际或语篇事件的参与者之间的非对称关系以及在具体的社会文化语境中用来控制语篇如何生成、分布和使用的不平等能力而形成概念的。凡·戴克(Van Dijk)指出,如果一个社会群体拥有获得稀有社会资源的特权,如名誉、金钱、地位、知识、信息、武力等,并能够控制其他群体的思想行为,我们就说该群体享有权势。在 CDA 的认知系统中,除了权势和心理控制外,语境控制也十分重要。这里讲的语境是语篇生成和理解的社会情景的那些特征在心理上表达出来的结构,由情景、环境(时间、地点)、不断发展中的行为(包括语篇和语篇体裁)、各种交际的、社会的或制度性的角色中的参与者以及他们的心理描写(目标、知识、意见、态度和思想意识)这样一些完整界定语境的范畴组成的。在 CDA 的理论框架中,社会这个要素是不能缺少的。社会结构决定语篇特性,语篇又反过来影响社会结构。但是社会集团的权势与语篇的关系、语篇与认知的关系以及认知与社会的关系相当复杂。

费尔克拉夫和沃戴克把批评话语分析的主要原则概括为:①CDA处理的是社会问题;②权势关系是推理出来的;③语篇构成社会和文化;④语篇为意识形态工作;⑤语篇是历史性的;⑥语篇和社会之间的联系是间接的;⑦语篇分析是解释性的;语篇是社会行为的一种形式。

下面对国内外批评话语分析的研究做一个梳理。

(一)国外批评话语分析

国外针对批评话语的研究,主要是从社会学、语言学、认知学、历史学等角度出发进行研究的。从社会学角度进行研究的,代表人物是英国学者费尔克劳(Fairclough)。菲尔克劳指出:早期的批评语言学家对语法和词汇的分析十分透彻,但是他们对文本的互文性分析却不太关注。他的主要研究思想是:语篇是不同体裁特征混合的结果,侧重对语篇互文性(inter textuality)的研究,强调从互文性及社会结构的视角对语篇的生成和接受过程进行研究。在研究方法上,费尔克劳侧重对文本性的分析。在语言特征的研究方面,侧重对施事者、时间、时态、情态和及物性等方面进行分析。在研究批评话语时,费尔克劳提出了“三维模式”学说,该学说被广泛地应用到批评话语研究中,成为批评话语的主导研究方法。“三维模式”的主要内容是:①对话语(包括书面语和口语)的文本分析;②话语实践即对话语的生产和阐释的分析;③社会实践分析,这三个维度将话语、话语实践、社会实践联系起来。

从语言学角度进行的研究,代表人物是英国语言学家韩礼德及他的系统功能语法理论。这一理论将语言视为一个符号系统,主要研究这个符号系统的构成、内部子系统以及子系统之间的关系,侧重对语言在语境中的作用方面的研究。韩礼德认为人类语言具有三大功能:微观功能、宏观功能及纯理功能,认为语篇是语言系统得以体现的实体,并指出语篇可以通过三大功能进行分析。

从认知学角度进行的研究,代表人物是荷兰语言学家凡·戴克

(Van Dijk)。凡·戴克主要从语义、篇章语法、话语的认知模式对批评话语进行了研究。对于话语,他认为话语是交际事件和言语成品,在研究话语的社会性的同时,强调对话语的符号性研究。他的主要贡献主要集中在提出"话语结构"这一概念、宏观结构理论、话语和社会结构的关系、话语和语境、话语和意识形态、话语分析原则。

从历史学角度进行的研究,代表人物是奥地利语言学家露丝·沃达克(Ruth Wodak),是国际上知名的批评话语专家。沃达克的主要贡献是提出"历史话语分析"的原则:第一,确认具体的内容或话题;第二,调查话语策略;第三,检验语言学手段和实现途径。在此基础上提出话语——历史观方法(discourse-historical approach)的步骤:第一步,先前理论知识的利用;第二步,数据和语境信息的系统收集;第三步,具体分析所用材料的选取和准备;第四步,提出研究问题和假设;第五步,定性的试验性研究;第六步,详细的案例研究;第七步,形成批评;第八步,分析结果的应用。她的分析方法被国内外诸多研究所采纳。

通过上面的分析,笔者发现国外针对批评话语的分析涉及诸多角度,从理论上对批评话语的研究较多。国外研究的侧重点各不相同,为批评话语的分析提供多角度的思维模式。自这一研究被提出以来,发展相对较快,得到了诸多学者的关注,其研究成果也较多。

(二)国内的批评话语分析

国内针对批评话语的研究是在20世纪90年代引进的,相对国外研究起步较晚。国内针对批评话语的研究,主要集中在理论引进、文献综述研究及实践研究三个方面。下面针对国内的研究作一个总结:在理论引进方面,国内引进这一学说的研究者是南京师范大学的辛斌教授,他也是国内在这方面的权威人士。在著作《批评语言学:理论与应用》这本书中,辛斌对批评话语进行了系统的介绍,讨论了语言和意识形态问题、语言和权力的关系及语篇、常识和意识形态的问题、批评性语篇分析的方法、英语新闻语篇的批评性分析方法、语篇的互文性,还有主体位置、阅读位置和体裁互文性、“话语殖民”“话语霸权”和体裁互文性等方面。

在文献综述研究方面，国内学者从国内外研究的情况对这一理论进行了归纳。例如：北京大学的陈中竺教授1995年发表在《外语教学与研究》上的文章“批评语言学述评”，向读者介绍了这一理论在哲学方面的研究，韩礼德的系统功能语法方面的研究，并详细分析了批评话语分析的四个发展阶段：萌芽、停滞、反思、新发展，以及在这四个阶段学者们做的研究。

在实践方面的研究，国内学者的研究主要集中在新闻、文学、法律、汉英对比等方面。

新闻方面的研究，例如廖迅乔的博士论文《认知视角下<人民日报>社论（1966—1971）的批评语篇分析》，以1966—1971年发表在《人民日报》社论为研究对象，运用批评语篇分析的理论，研究了社论在词汇、句法和篇章层面的语言特征，并阐释了社论如何引导读者建构既定的语篇世界，进而控制读者对现实世界的认识。

文学方面的研究，例如管淑红发表在《华东交通大学学报》上的文章“意识流小说《达洛卫夫人》的批评话语分析”，以批评话语理论为指导，结合福柯有关“规训权力”和“精神医疗权力”的思想，运用韩礼德的功能语言学分析模式解释了弗吉尼亚·伍尔夫的意识流小说《达洛卫夫人》中的文学意义以及作者对社制度的批评。

法律方面的研究，例如吕万英发表在《外语研究》上的文章“法官话语的权力支配”，以真实的简易程序法庭审判为语料，从法官与当事人所能利用的话语资源和所拥有的话语行动自由等方面入手，分析法庭交际的互动的话语模式，揭示了法庭交际中，法官话语中的权力运行现象及不同参与者之间的权力关系。

汉英语篇对比方面的研究，例如曹广涛发表在《外国语文》上的文章“汉英对比研究中的权力话语”，运用权力话语和后殖民主义批评分析了汉英对比研究中的盲点与误区，指出国内学者研究中存在的文化错位对汉英对比的消极影响，研究者应有权力话语意识并培植自觉的后殖民主义反抗话语，建议汉英对比研究在新世纪后结构主义的语境下能够及时消解文化全球化的消极作用，从而走上多元化的发展轨道。通过分析发现，由于这一理论在国内起步较晚，国内研究对其理论方法的引入和介绍较多，对研究方法的深度和广度上为数不多，研究多集中在实践应用方面。

二、积极话语分析

1999年，在伯明翰召开的批评话语分析国际研讨会上，悉尼的J.R. Martin教授提出了一个全新的命题———积极话语分析。针对批评话语分析的不足，Martin认为语言分析的对象不应该只是含有一些不平等现象的“坏新闻(bad news)”，还应包括以积极的态度和视野主张和平和平等的“好新闻(good news)”。他还认为“批评话语分析的中心是强权统治，揭露了话语中自然蕴含的权势，使人在一定程度上想反抗权势。作为批评话语分析的补充和扩展，我们应该关注人们如何团结在一起，不通过反抗而使权利重新分配，使自己在社会上有空间生存，这就是社区团体概念，是积极话语分析所关注的核心。

在积极话语分析出现的同时，其他的语言学家不断对批评话语分析进行批评，如Kress提出了话语分析的“设计(design)”概念，指出话语分析不应该从消极的立场出发，而是有意识地设计美好的未来。Luke也主张以建设性的方式使用权力等。这些都说明，正是批评话语分析自身的消极性及其所造成的现实结果，使积极话语分析的产生成为一种必然。这不仅是语言学的发展，更对整个人类社会的发展有重要的影响①。

(一)国外的积极话语分析

从积极话语分析的提出开始，以Martin为代表的学者不断探索其

①胡壮麟. 积极话语分析和批评话语分析的互补性[J]. 当代外语研究，2012(7):3-8.

理论与实践分析方法,以实现和平语言学想要通过语言来创造一个更好的世界的目的。

在理论上,Martin在他随后发表的著作中,对积极话语分析进行了更具体的说明。他提出批评话语分析是解构,而积极话语分析是建构,还主张话语分析不应该只针对诸如哥斯拉大学传媒小组专注的“坏新闻”,也应该将“好新闻”纳入其中才能达到和平;批评话语分析是对残酷的“现实(realis)”的批评分析和揭露,而积极话语分析是对美好的“非现实(irrealis)”的不断争取。这些理论强调语言工作者应该用积极的心态去看待话语,在分析时给出一个宽松的语言环境进而更全面地看待话语。按照Martin的观点,积极话语分析适用于在外交、会议、斡旋、谈判等即使双方观点和利益有所冲突时,也能通过互相之间的“协商(negotiation)”达到“和解(reconciliation)”的话语内容。同时,他主张进行语言与非语言的“多模式(multimodal)”,语音、语义、词汇、语法等的“多层次(multistratal)”以及围绕韩礼德的系统功能语法“多功能(multifunctional)”的分析。这些都为积极话语分析奠定了理论基础。2005年,Martin和其学生P.R.R White合著了《评估语言:英语评价系统》一书,对系统功能语法中人际意义的“评价”进行系统的细化和阐释,这使得话语分析有了新的可以借助的方法。由于评价理论能够对词和短语的属性进行具体的界定,并能很好地分析说话者、作者的态度和如何与听众、读者结盟使语言真正能够起到其预期作用,所以很快成为许多学者在进行话语分析应用研究时最常使用的工具和方法。

在实践上,Martin在其近十多年发表的论文中不断运用积极话语分析去阐释语言的深层含义。如他分析的澳大利亚总理Howard和参议员Keating就20世纪60年代前的70多年间,政府将原生居民的孩子送入陌生白人家庭中以接受所谓的“先进教育”,而给孩子及其家庭造成巨大心理伤害这一事件的发言,借助评价理论指出了两人内心的真实想法，并对Keating勇于担当、通过承担责任去追求和解的方式和语言给予了高度肯定。此外，他还分析了歌词、文学等体裁以及涉及教育、宗教等方面的文章，期望通过积极话语分析展示出语篇中的和谐以及对和谐的期望。2005年7月，第32届国际系统功能语言学大会在悉尼举办，会议的主题是《希望的话语：和平、和解、学习和改变》。这次会议旨在研究批评话语分析的未来出路，Martin和许多语言学家再次提出积极话语分析的重要性，并指出系统功能语法指导下的话语分析目的不在于解构和描写，而在于参与和贡献，所以未来它必然和积极话语分析结合才能使语言的研究对创建美好世界发挥作用。

除了Martin之外，也有一些其他的国外学者对积极话语分析做出了理论和实践上的贡献。如奥德法兰克福欧洲大学的Felicitas Macgilchrist在《积极话语分析：通过反思来争取主导话语》中指出，批评话语分析的发展下边缘性话语即积极话语分析出现的必然性，并通过新闻实例的分析佐证积极话语分析的必要性。White和Rose等也跟随Martin不断为积极话语分析的理论建设添砖加瓦。通过这些学者的不断努力，话语分析得以在揭示的基础上真正去重新构建，逐步实现和平语言学想要消除歧视和不公的愿望。

（二）国内的积极话语分析

我国关于积极话语分析的研究相对滞后。2006年10月，浙江绍兴举办的主题为“多维语篇分析”的全国语篇分析研讨会上，评价理论和积极话语分析作为其中三大主要话题之一第一次在中国被提出。会上，朱永生教授宣读了研究成果《积极话语分析：对批评话语分析的反拨与补充》，表明他已开始涉足积极话语分析领域，对积极话语分析和批评话语分析做了详细的评述，为国内学者的研究打开了一扇窗。

国内前瞻性的研究还有黄会健、冷占英和顾月秋在《话语分析的建设性转向——从批评话语分析到积极话语分析》中，指出了从解构的批评话语分析向建构的积极话语分析发展的重要意义，然而由于研究尚在初级阶段，认识有待深化，并希望借助Habermas的交往行为理论对其分析标准做一定的补充。胡壮麟研究了积极话语分析和批评话语分析之间的互补性，除了详述Martin的理论，还提出批评话语分析偏向信息和概念功能，积极话语分析偏向人际功能，信息有虚假和被阻拦的可能，所以想要做好积极话语分析，不能只考虑人际功能。此外，他还通过大量例证指出如何更准确地使用两种方法，提示分析时要灵活运用，通过不同话语和语篇做到实事求是的批评和积极引导。这些研究都为国内学者了解积极话语分析的发展和运用奠定了基础。

近年来，越来越多的学者开始将积极话语分析理论作为话语分析的出发点。通过CNKI检索，2010年开始到现在，关于积极话语分析的论文有130余篇，其中应用型研究约有百篇，且有30多位语言学专业的硕士及以上学历的学生选择用积极话语分析作为毕业论文研究的出发点，他们的语料范围也十分广泛，有政治新闻、民生新闻、体育新闻、演讲、会议、广告、流行语、文学、电影、综艺节目等等，已经超越了Martin一开始认为的积极话语分析所适用的范围，并将其扩展到各个领域。这从侧面说明，积极话语分析不仅是一种话语分析方法，更是一种认识、评价世界的观念和态度。不论将它运用于何种语篇，其目的都是让人们学会从积极的方面看待问题，取其精华去其糟粕地谋求发展，以求社会更加稳定、世界更加美好。总之，作为一个新的方向，积极话语分析正处在发展的初级阶段，虽然它还没有完全系统的理论指导和分析模式，但学者正努力进行各类语篇的分析实践，推动研究不断深入。

积极话语分析正处在发展初期，虽然近几年其在理论和应用上的研究都不断增加，且应用选取的语料范围很广，但就其分析工具上，一般只能借助评价理论进行态度（Attitude）、介入（Engagement）和极差（Graduation）方面的具体分析梳理话语中的词汇，从而探究语篇深层含义。换言之，积极话语分析的具体分析工具单一，理论和方法都有待进一步的完善和阐释。评价理论更多的是提供词汇层面的阐释，而句法句意等层面的研究还鲜有学者涉及，故积极话语分析的工具和方法是学者们必须深入探讨的重点。短期内或许很难创建适合积极话语分析的新理论，但可以借鉴其他句法含义的分析方法或理论。另外，虽然Martin早就提出要进行“三多”模式研究，但绝大多数的研究依然是从语言、词汇以及人际意义出发的单模式研究，所以今后的研究有必要纳入更多的元素，将语言的各个层次、非语言符号等也作为研究对象加以分析，使语言研究呈现出多模式、多元发展的态势。此外，话语分析可以借助诸如语料库等其他计算机工具进行一些关键词、词丛搭配的量化分析，从宏观上更好地把握话语分析的走向。

积极话语分析以积极态度引导人们看待和处理生活以及社会中各种事务。在21世纪以“和平”为主题的世界大环境下，我们有理由相信积极话语分析有着十分广阔的前景，其本质中蕴含的温和的评价方式必将在各类语篇分析及其构建层面上发挥更大的作用。

三、批评话语分析和积极话语分析的对比

(一)动机

在动机上，批评话语分析和积极话语分析有着极大的区别。批评语言学对所分析的社会事实一般都采取揭露和批评的态度，话语分析的内容几乎就是对权利因素的分析，揭示语言、权利和意识形态之间的关系，会产生消极的后果。而Martin等人认为，仅仅满足于批评和揭露是解决不了实际问题的，他主张话语分析应该采取积极友好的态度。这种态度不仅适用于自己和自己一方的人，也适用于自己的对立一方，其目标在于朝着“和平语言学”的方向努力，最终建成一个宽松、和谐、共处的人类社会。换句话说，积极话语分析既注重研究权利因素对话语的影响，更注重社团精神，“和解”和“一致”两个词语出现在积极话语分析里的频率相当高。

(二)语料选择

在语料的选择上,二者也存在很大不同。批评话语分析的主要分析对象为新闻政治语篇,主要揭示话语中阴暗的一面,目的在于揭露语篇中利益的不均衡和权力的斗争等,进行消极的批评。例如分析新闻事件,通过研究事件与篇章是怎样源于权力关系和权力斗争,又是怎样在意识形态上受这种权力关系和权力斗争塑造的。而积极话语分析的主要研究对象为外交、斡旋、谈判和咨询等,例如政府首脑的致辞和演讲词、新闻发布会等。在这些话语中,最受重视的是那些包含弱势群体的语篇。通过对此类语篇中的立场、观点的分析,积极寻求解决方法,引导人们建立更加和谐友善的工作环境。可以说,批评话语分析意在结构,而积极话语分析意在建构。

(三)理论基础和分析方法

批评话语分析在本质上是以韩礼德的系统功能语言学为理论基础和分析方法的,包括系统功能语法中语言的三大元理论功能,即系统理论、社会符号学理论和评价理论。在分析方法上,批评话语分析的有效工具是元功能思想,即概念功能、人际功能和语篇功能,可有效揭示话语中隐含的权利关系和意识形态。在分析方法上,积极话语有"三多"特点:一是"多模式的",即既研究语言符号系统本身的作用,又研究图画、照片、背景音乐等非语言符号系统的使用对意识形态的影响;二是"多层次的",即从语音、词汇语法和语义等不同层次对语篇进行分析;三是"多功能的",即应用韩礼德的三大纯理功能思想,从概念功能出发研究投射和扩展及物性系统和语态系统中的互补,从人际功能出发研究评价成分对人际关系建立和维持所发挥的作用,从语篇功能出发研究引语等成分在主位结构中的分布。

(四)哲学基础

在哲学基础方面,批评话语分析和积极话语分析是基本一致的。批评话语分析这种理论反对一切意识形态,认为电视、报刊等都是意识形态，都是为统治阶级利益服务的国家机器，本质是压抑人性，因此需要得到诊断，接受批评。积极话语并没有完全否定批评话语分析，以 Martin 为代表的积极话语分析学家们不把语言看成上层建筑，而是社会基础。积极话语分析在批评话语分析的基础上主张采用更加积极向上的态度对待各种社会矛盾和不公平现象，以积极的态度来解决各种社会冲突，既研究权利因素对话语的影响，也更注重通过话语分析构建一个和谐的社会。

第五节 话语分析、叙事分析和内容分析的比较

提起"话语分析"，很容易令人联想到社会研究中经常使用的、与语言密切相关的两个分析方法，即叙事分析（Narrative Analysis）和内容分析（Content Analysis）。这 3 种方法很容易混为一谈。不少研究者在进行分析时，会以其中的一种方法为主，再辅之以其他一种或者两种分析技术。例如，Ainsworth 和 Hardy 将叙事分析概括在话语分析之中，Princhard 等将内容分析看作话语分析的一种具体手段，而 Krippendorff 在讨论内容分析新趋势的时候，也加入了话语分析方法。

从表面上看，这三种研究方法都与语言有关，而且都是从语言使用的角度入手考察社会活动。然而，从管理学文献的关键词来看，研究者对话语分析、叙事分析和内容分析还是有所区分的。

对于研究者来说，这 三 种分析方法仍然属于不同的分类。然而，有趣的是在2000年之前，管理学术期刊上使用这 3 种方法的研究成果都比较少。而在 2000 年之后，这三类研究文献的数量均有明显增加，其中以叙述分析为主的文献数量最多，内容分析次之。话语分析的文献虽然总数较少，但是增长很快，而且自 1998 年以来每年都有较高水平研究出现，尤其是 2002 年以后平均每年都有 2 篇以上文献。目前，国内

学者也开始尝试运用这3种方法进行管理研究，比如郭毅等人对国有企业改革政策文件的言语行为分析、汪涛等人运用叙事分析进行品牌管理研究、林泉等人运用内容分析方法研究国有和民营企业的企业使命陈述。

从哲学层面来看，内容分析跟话语分析和叙事分析之间在本体论与认识论观点上存在明显不同。内容分析属于实证主义范式，即假设客观实在独立于人的主观世界，而研究的目的在于通过实证方法对假设进行验证。语言素材在内容分析中只是发现客观规律的资料而已。而叙事分析与话语分析两者都属于后现代主义范式。它们的共同点在于将语言本身看作是历史或现实的社会现象，而且语言的重要作用在于建立对意义的诠释和理解，而非对“客观实在”的直接反映。因此，这两种方法都大量地使用语言学的分析框架，比如分析语词、语法、语义、语境、转喻、隐喻等语言要素。不过，叙事分析以社会建构主义（Social Constructivism）为研究范式，即认为“社会实在”是由各方不断协商、交往和辩证对话而共同构建而成。既然如此，研究的切入点应该落实在“故事”中叙事者的表达内容、表达方式，以及结构如何反映叙事者的意图、身份建构和诠释其行动等主题。相比之下，话语分析涵盖的范围更加宽广，其研究范式既可以是批评的，如批评话语分析，也可以是积极的，如积极话语分析①。

简而言之，内容分析把语言看作直接反映客观世界的“镜子”，而叙事分析和话语分析则将语言置于研究主体的位置，强调考察话语在具体情境下的构建、解构、理解以及跟社会的互动过程。

从理论基础看，话语分析与叙事分析之间的确存在很多交集。话语分析主要奠基于符号学和语言学理论，同时汲取来自其他学科的研究成果，特别是社会语言学、认知语言学、政治学、人类学、心理学等。而叙事分析的理论框架主要源自形式主义和结构主义语言学，同时得

①吕源，彭长桂. 话语分析：开拓管理研究新视野[J]. 管理世界，2012(10)：157-171.

益于文化人类学等社会科学。内容分析则建立在新闻学、传媒学、图书馆学等学科基础之上。从研究意义看,话语分析关心的是语言在不同社会背景条件下传递的真实意义,解构话语背后隐含的社会因素对意义的表达与接收的影响,以及话语背后的意识形态、权力、社会关系等。叙事分析更加侧重揭示叙事的结构、形式,和个人对意义的理解,以及由叙事构建的"实在"或阐述的"故事"如何为个体或群体创造分享的意义并转化为行动的来源。相比之下,内容分析只关注在文本内容里传递和传播信息的频率与量化指标,以及信息传播是否有效。

从分析技术层面看,内容分析方法已经高度"科学化",体现了实证主义研究方法的高度规范化特征,标准化程度最高。内容分析已经形成包括将文字材料转化为量化数据、检验数据信度的步骤以及根据对量化后的数据进行具体分析的方法等一整套严格的操作程序。不过,内容分析最近的发展似乎有意朝向质化研究领域。

相比之下,叙事分析发展到今天也逐步形成了操作规范,如对叙事的结构、形式和脉络的分析。早期的叙事分析主要以质化研究为主,直到近年来才开始引入量化方法。三种分析方法之中,唯有话语分析的方法主要参照语言学的分析技术,但是到目前为止仍然缺少统一的规范和标准化程序。话语分析研究者一般根据个人的研究兴趣、分析对象、素材状态和研究目的等因素灵活掌握分析方法的选择和应用。例如,使用批评话语分析的研究者以此揭示话语背后的权力、意识形态和社会关系;而使用修辞(Rhetoric Approach)的学者则更多地关注语言在社会语境下的说服能力。

最后,这三种研究方法的数据来源都包括文字或非文字形态的材料。内容分析只是将语言作为一种反映"客观实在"的中介媒体或交际功能的客观载体,因此,文本或者对话只不过是一种数据而已,而分析的重点在于说话者通过语言传达的信息。对于话语分析和叙事分析而言,分析对象主要以文字或与文字有关的传播或媒介材料为主,而且文本本身即为研究主题。除文本和对话之类的语言材料之外,话语分析的对象也涵盖众多非文字表达的符号系统,如标示、信号、建筑、绘画等,如对工作场合中人际互动的研究。

第四章 跨国企业社交媒体话语管理与沟通策略

在第三章的论述中，笔者概述了话语分析的基本概念和研究内容。本章将运用互动语言学理论对跨国企业社交媒体语言实例进行话语分析，从研究如何进行有效的话语管理，最后探讨社交媒体上沟通的综合策略。

近年来，有专门针对依托社交媒体的公共关系研究指出，在社交网站上公益组织所采用的与公众建立关系的策略主要有三种：披露组织信息（disclosure of information）、宣传组织成就（promoting organizational accomplishments）、与公众互动（stakeholder engagement）。在操作定义层面，这三种策略分别被认为由以下指标构成：①信息披露：包括组织信息披露（提供组织描述、组织历史、组织宗旨、官网链接、标志）和个人信息披露（提供微博管理员信息、组织联系电子邮件、联系电话、地址）；②成就宣传：提供新闻链接、新闻发布会、活动概要、照片、视频文件、音频文件、讨论区；③与公众互动：提供活动日历、志愿者机会、捐赠、店铺、讨论区。显然，这些指标大多是组织的社交网站主页上的各类技术或界面特征，而并不十分关注社交网站的各条状态信息说什么、如何说。例如，Rybalko&Seltzer 仅仅细数财富 500 强企业 Twitter 页面上是否提供了新闻发布会、企业年报、Facebook、企业官网等链接，并未考虑企业实际的话语特征。仅有零星研究涉及企业社交媒体的话语特征。例如，Wu&Li 研究了跨国公司在 Twitter 和新浪微博上的情感品牌传播，指出企业通过亲昵称呼语、寒暄、幽默等话语策略来建构自己的亲和力。Kelleher&Miller 提出 11 个对话性拟人口吻的特征：邀请受众进行对话；乐于与受众展开对话；在交流过程中使用对话风格的语言；力图以拟人口吻进行交流；力图在交流中表现得风趣；提供竞争者的链接；在交流中使用幽默语言；力图使交流令人愉快；愿意承认错误；对他人的批评进行及时、直接但不尖刻的回应；尊重受众的人格。然而，这些特征重在从受众角度考察企业拟人话语的效果，而不是企业话语本身的特征。本书将关注跨国企业社交媒体话语本身，考察依托社交媒体的跨国企业是如何有效地进行话语管理和沟通的。

社交媒体话语具有时效性、碎片化的特征，其中有些拼写、符号使用、句式构造等呈现出不规范性，这与传统教科书中的材料和规则是相悖的，而微博话语又是实实在在的、鲜活的语言，是商务英语、广告英语、公共关系英语阵营中不可或缺的新兴成员。这些矛盾促使我们要找出符合新时代认知特点的组织和呈现新鲜语料的方法。

研究社交媒体话语管理和沟通，可以维护和提升跨国公司企业形象，提升跨国公司社会影响力和市值。一桩接一桩的社交媒体公关危机使得部分跨国公司陷入被动的状态，而有些跨国公司在对待各种危机的方法又使得危机有越陷越深的趋势。与公众有效的话语管理与沟通是公司维护企业良好社会影响力的出发点。

第一节　理论依据——互动语言学

王立非、张斐瑞认为互动语用学是商务谈判话语分析的重要理论基础。吴东英、李朝渊进一步指出，随着新媒体社交、交际功能的不断发展，互动语用学将为研究企业在互联网上，特别是在社交媒体上的一切话语活动提供有利的分析视角和工具。近年来，利用互动语用学来研究、分析商务话语的作者也在不断增加，例如：何荷、陈新仁，刘桂兰、谭君等。

20世纪70年代以来,很多语言学家开始重视语言的功能研究,关注语言的社会属性、交际互动功能和说话的环境等。比如话语功能语言学(discourse functional linguistics)关注语言形式和话语功能的关联,认为语言的差异来自话语语体、信息包装、交际的需要等功能动因的约束,将语言形式看作是和语言的使用场景密切相关的。20世纪70年代,社会学家提倡将日常会话言谈的研究作为社会秩序描写的核心,于是形成了会话分析(Conversation Analysis,CA)这一学科。人类语言学的兴起使得研究者在跨语言和跨文化的视角下更加关注人类语言的交际系统和会话策略等方面的内容。

互动语言学(Interactional Linguistics)的缘起和发展与上述介绍的话语-功能语言学、会话分析和人类语言学这三门学科的研究范式密切相关。在20世纪末之前,语言学更多的是研究书面材料,随后口语成为语言学研究的重要对象。语言学家对语调作用和韵律特征的认识也随之深入,加深了对口语材料转写系统的思考和实践。这是互动语言学研究形成的重要一步。由此可以看出,互动语言学涉及语言学、语音学、会话分析、社会学、人类学等多学科的跨学科研究范式。

一、研究理念

互动语言学的核心理念是从社会交际互动这一语言最原本的自然栖息地(natural habitat)之中来了解它的结构和使用。因此,它的研究主要包括两方面:①要从语言的各个方面(音韵、形态、句法、词汇、语义,包括语用)来研究其结构和使用方式是如何通过互动交际来塑造的;②在社会交际中,互动双方需要完成的交际功能和承担的会话行为是如何通过语言资源来实现的。可见,语言语法结构的塑造和社会交际互动的运作之间是一种天然的互育(cros - fertilization)关系。

作为人类最重要的交际工具,语言在本质上是对话性的(dialogic)。真实会话中的话语直接明显地引导其应答,对应答进行预测,并且根据应答来组构。对话性是人类思维的本质,协同配合(coordination)是社会活动的根本;语言就是共同参与、通过符号性手段(symbolic means)进行的互动行为。尽管语言具有对话性的本质,但在实际研究中独白性(monologic)材料一直占绝对统治地位,并存在去语境化(decontextualization)倾向和书面语偏向(written language bias)。互动语言学的兴起改变了这一局面。互动语言学是基于互动行为的语言研究。互动语言学家认为,自然语言最基本的特征是由语言交际所处的互动环境塑造的,是适应于交际环境的产物,或者说语言本身就是交际架构的一部分。语言是社会交际、行为组织的重要资源,对语言的研究必须面向互动交际环境中自然发生的语言,立足言谈参与者的互动过程,基于语言运用的自然环境———互动中的交谈(talk-in-interaction)进行实证性研究。主要包括两方面:第一,要从语言的各个方面(韵律、形态、句法、词汇、语义、语用)研究语言结构是如何在互动交际中被塑造的;第二,在社会交际中,言谈参与者的交际意图、会话行为(conversational action)是如何通过语言以及非语言的多模态资源(如眼神、手势、身势等)来实现的。

互动语言学研究者基于会话分析的方法论(ethnomethodology),探索交际互动中的语言结构和话语组织,以自然口语交际为研究对象,以实证主义的态度分析处理材料。这种研究取向与20世纪上半叶受制于书面语偏向的语言研究形成鲜明的对照。

互动语言学研究者将语言理解为实现社会互动的一种资源(resource),这一观念可追溯至话语功能语言学的研究理念。20世纪80年代,美国西海岸功能主义语言学强调对以叙述体为代表的真实话语的细致考察。他们观察实际使用中的语法,并从连贯话语产出的认知和交际需求当中寻求语言型式(pattern)的理据。这一学派也被称为话语功能语言学派。这一研究取向奠定了功能主义语言学在互动语言学产生中的基础性地位[1]。

①于洪亚,曾剑. 语言学与跨文化互动研究[M]. 吉林出版集团股份有限公司,2019.

20世纪90年代以后，话语功能语言学家更多地吸收会话分析(Conversation Analysis)、语境化理论(contextualization theory)和人类语言学的观察视角，尤其借鉴了会话分析处理自然口语的理念，进而形成了系统性的工作原则。而当话语功能语言学家开始从关注口语叙事到关注日常对话，他们发现自己就在研究互动中的语法，即Grammar in Interaction。互动语言学的兴起是20世纪90年代之后话语功能语言学的新拓展。其研究特点如Couper-Kuhlen&Selting所总结的那样：第一，基于真实、自然发生的谈话的录音或录像材料；第二，采用标注系统对语料进行转写，尽量忠实地反映互动中谈话的特征；第三，以“分析的心态”(analytic mentality)观察现象，不带有理论先设；第四，对语料集合进行编排，以体现所分析现象的多种实例，或是对单个案例选择，以供深入分析；第五，语料分析旨在重构互动成员传情达意(sense - making)的方法；第六，其分析论断可通过“下一话轮证明程序”(next turn proof procedure)，通过对言谈参与者的观察得到验证。

互动语言学的目标可概括为三个方面：第一，将语言结构作为互动资源做出功能描述；第二，对话语实践形成的惯例作跨语言的比较；第三，对社会互动中语言的组织方式和实践进行解释，进而概括具有普遍意义的结论。

二、研究综述

会话分析学者和语言人类学家普遍关注语言问题。会话分析是透过言谈交际这种最基本的社会互动方式来揭示社会秩序(social order)、社会实践(social practice)和社会行为(social action)的构建。而互动语言学关注社会交际、人际互动和认知因素在真实语言中对语言结构以及规则的塑造，关注言谈参与者的交际意图对语言形式的影响，强调言语交际实际是动态的(dynamic)、在线(on-line)生成的过程，从交际过程中发现语言形式产生的动因。

从语言学角度专注于互动交际过程对语言编码方式的塑造，当数

1993年Ford的Grammar in Interaction：Adverbial Clauses in American English Conversations和1996年Ochs、Schegloff&Thompson主编的论文集Interaction and Gram mar。这两部著作的出版，标志着话语功能语言学家与会话分析学家团队的深度合作，也标志着话语功能语言学家以会话分析对自然口语对话的描写框架重新审视语言结构规律，成为互动语言学的奠基之作。

2001年，Selting和Couper-Kuhlen主编的Studies in Interactional Linguistics将“互动语言学”作为一个术语和学科名称提出，指出互动语言学的核心宗旨就是将语言的结构及其运用看作互动语境的必然结果。互动语言学涵盖诸多领域，如会话音系学、语法与互动、语言的语境建构、互动中谈话的韵律等。2014年，Pragmatics杂志出版Laury、Etelmki&Couper－Kuhlen主编的专刊“Approaches to Gram mar for Interactional Linguistics”，推出了互动语言学的最新代表性研究。2015年，Thompson、Fox&Couper－Kuhlen合著的“Grammar in Everyday Talk：Building Responsive Actions”对互动行为中回应行为采用的语法格式（grammatical format）进行专题性研究，从社会行为与语法格式关联、会话中的不同 位置，以及言谈过程中的互动因素等方面探讨语言形式的动因。2018年初，Couper-Kuhlen和Selting出版了这一领域的最新成果Interactional Linguistics：Studying Language in Social Interaction，系统介绍互动语言学理论，对20多年来互动视角下的语言研究成果进行归纳和总结。

另一方面，语用学作为研究语境意义的学科，研究话语如何在情景中获取意义。从1995年Thomas所著Meaning in Interaction：An Introduction to Pragmatics的出版，到近年来推出的Handbook of Pragmatics Highlights系列丛书中的The Pragmatics of Interaction，以及历史语言学家对话语标记产生机制的研究和关注，充分显示了对语言互动性研究的广泛拓展。

互动语言学家对于自然话语的观察主要有如下几个方面：①交际

行为与句法的关系;②会话序列与句法选择;③韵律表达与句法表达的关系;④多模态资源在互动交际中的整合。

基于以上观察,互动语言学家发现了一些具有独特视角的规律并做出了解释。包括:①互动言谈的基本单位;②在线生成的语法观;③位置敏感的语法;④对话互动的实证性。

三、研究内容

互动语言学强调从社会互动(social interaction)这一语言原本的自然栖息地(natural habitat)来了解语言的结构及其运用。研究者关注语言的社会属性、交际互动功能和言谈环境对语言表达形式选择的影响。这种研究思想与20世纪80年代前后话语功能语言学家运用“梨子的故事”的口语叙述材料进行研究的思想一脉相承,也就是说,说话人任何一种编码形式的选择(比如,使用光杆名词、形—名短语还是关系小句—核心名词)都有语用动因,比如新/旧信息、前景/背景等。而互动语言学的研究所关注的“语境”则更多地考虑社会属性、交际互动功能和言谈环境,这些研究体现在近些年来的一系列重要研究课题中。

互动语言学研究关注互动参与者在互动中完成了何种社会行为。什么是社会行为? Couper-Kuhlen&Selting明确指出,“行为”是指一个人在与他人的交流中希望达成的事情,是话轮的任务之所在。和言语行为(speech act)的区别在于,社会行为是基于即时言谈序列环境的经验观察得出的,只有那些在自然会话中实际发生的行为才会被看作是社会行为;而言语行为研究是从言者的意图出发,并不强调该行为是否可以被观察。与言语行为不同,社会行为并非必须需要通过语言手段实施,交际参与者也可以通过注视、体态等实施。

同一类社会行为往往有不同的表达方式。比如英语发出请求有三种句法格式:(a)I wonder if you could…;(b)Could you…;(c)I wanna…。研究发现,说话人选用哪种编码方式取决于两个外部因素,一是不可预见性或偶发性(contingency),二是权势性(entitlement)。

Fox的研究致力于社会行为框架(social action format)与语言形式的关系,提出了若干语言框架(linguistic format),即日常互动中反复使用以完成某一种社会行为的语言形式。通过建立一个语言形式和社会行为的对应关系,进一步说明某一种语言形式的使用频率和条件。而Couper-Kuhlen的研究则着重探讨了提议、请求、建议一类祈愿式表达的社会行为框架,并归纳了几类行为对应的高频语言表达形式。

Thompson采用口语材料对补足语小句(complement clause)的研究发现,带补足语的谓词(complement-taking predicate)构成的"主句"用作显示说话人认识或示证立场的词组,并且往往是习语性的(formulaic);而其引出的"从句"才是传递主要信息的部分。传统研究中"主句—从句"句法对立并不能显示在互动交际中功能角色的"主"与"次"。

会话序列(conversational sequence)指在一段会话中话轮间先后相继的关系。会话语境中的"发起—回应"是在时间轴上连续发生的。更为重要的是,在互动研究者看来,回应(response)是由特定话语引发的,同时也进一步引发之后的回应。会话中由于双方交替讲话,所说出的话语在时间上前后相继,后续话语都会被视为与之前话语具有关联性,是对之前话语的一种回应。而发起行为(initiating action)采用的语言形式对其行为的识解有重要的作用,并进一步影响回应的形式选择。特定的发起行为,会有特定的回应。

与会话序列相关的研究主要有两类,一是关于某一类社会行为(如请求行为)的会话序列研究,另一类关注会话序列与句法表现之间的关系。后者对传统语法分析提出了全新的认识。

Du Bois提出"对话句法"(Dialogic Syntax)。在他看来,说话人会有选择地复制先前话语中的某些要素,在相邻话对之间建立平行性(parallelism)。这种浮现的话语间的图式(diagraph)结构体现了交际者对言谈的共同参与(engagement)。由于存在这种对话性,研究语言必须关注“超越单句的句法结构”。

社会行为植根于交谈的话轮和序列中。语言形式是与社会行为在特定话轮和序列中的位置相适应的，即Schegloff所说的“位置敏感”的（positionally sensitive）。

Heritage分别对英语中由oh和well开启的话轮进行了考察。研究发现，当受话人听到oh或well的时候，他们已经可以预测接下来的内容了。在对疑问的应答中，oh开启的话轮通常显示言者认为对方的疑问在相关性、前提或者语境上有问题；而以well开启的话轮则突出言者的视角或兴趣。Schegloff和Lerner发现，在话轮之首用于应答话轮的well，往往预示着说话人即将开启一个观点相左或不完全同意的态度的评价，而用作开启行为的well则没有这种表达功能。

位置敏感的理念也体现在从互动语言学角度对语气词的分布及其互动功能的研究上。比如Maruyama对日语wa的研究和Ono等对日语ga的研究都发现，语气成分在话轮中、会话序列中的不同位置具有功能差异。

第二节　社交媒体话语管理

如果承认语言是一个特殊的符号系统，有自己的存在形式（言说/话语）和结构（语法、词句），而且可以构造、呈现和表征，并在本质上具有推动、建设和改造客观世界的力量，那么我们必然倾向于接受这样的观点：语言像其他客观事物一样是一种本体“存在”（Being），并且是“一个具有自己组成单位及其运作规则的特殊存在”。“组织话语”将语言在现代组织中的存在以及语言与组织之间的关系作为一个具有相对独立意义的学术领域对待，使之区别于话语分析在其他学科领域的应用，如文学作品和新闻媒介的话语分析等。同时，这样的划分也有利于说明,组织话语有别于其他组织理论的研究领域。

可以说,“组织话语”概念是建立“以话语为基础”的组织管理理论的立足点和出发点。显然,以语言学为基础的话语分析在处理这类语言素材方面具有极大的优势,而且可以为研究者提供多种不同的方法对收集的素材进行诠释和推理,提高研究的质量。话语分析对常规研究处理语言的理论逻辑提出了强烈质疑。例如,不管使用结构化的问卷调查还是质化研究的“访谈”方式收集数据,研究者经常碰到语言或话语的变异性(Variety)问题,即受访者对问题陈述的理解甚至对具体词语的解释因人而异,同一个受访者在不同的场合、不同的时机对不同的人描述同一事件也会说出不同的版本。

语言变异性的根源在于社会生活充斥着大量的自然语言,缺少自然科学那样清晰精确的专业语言。自然语言的模糊性使得说话者难以使用“准确”的语言精确地还原所发生的事件。对于这些问题,量化分析和实验研究通过对被试和语境加以严格控制来排除被试反应的变异性和复杂性,而常规的质化研究则试图将那些看上去似乎与假定主题无关的话语看作是降低数据一致性的噪音而加以排除。但是,这样的做法忽略甚至掩盖了社会生活中最有趣甚至最重要的一些特征,从而极大地限制了理论创新的潜在空间。话语管理研究不仅不回避语言变异性问题,而是把它作为研究的核心要素之一并结合具体的语境进行考察①。

本小节将针对不同跨国公司的社交媒体话语实例进行话语管理研究。

笔者截取自谷歌(Google)和星巴克(Starbucks)两家企业一个自然月内(2016年2月1日至29日)在推特平台(www.twitter.com)上的全部微博来研究。选择推特这一微博平台的原因是因为它是全球上线最早、用户群横跨地区最广的微博平台,并在2014年超过脸书(Face-

①史安斌,刘滢.从“倒金字塔”“斜金字塔”到“正金字塔”——基于社交媒体的新闻话语体系和传播模式初探[J].新闻记者,2014(07):14-20.

book)成为企业传播首选的社交媒体。对这两家企业的选择主要是基于这样的考虑:首先,谷歌和星巴克是福布斯全球百强品牌中社交媒体介入度较高的企业,可被认为是企业社交媒体最佳实践的代表;其次,相对于能源、金融等领域的企业,其产品和服务更加贴近消费者日常生活,具有更加强烈的与最终用户直接互动的动机和需求;同时,它们分属两个行业领域(信息技术、食品饮料),一个是新兴产业,一个是传统产业,对它们社交媒体话语的研究可能会揭示出一些重要差异。

本研究旨在回答以下问题:企业微博话语中有哪些主要的关系言语行为以及这些言语行为呈现出什么样的语言及符号特征?

在现有研究所指出的依托社交媒体的企业-公众关系策略的基础上,本文从关系言语行为角度将这些策略分解为以下指标,如表4-1所示,对所选语料中的关系言语行为进行定性分析,关注其语言和符号特征及对促进企业公众关系的作用。

表4-1 关系言语行为定性分析

关系策略	关系言语行为	
信息披露		讲述企业历史及发展动态
		传播企业价值观
成就分享		宣传企业新产品、产品性能
		报道企业参与的各类活动
		转述客户体验
与公众日常的互动	表达类	向公众致以问候(日常、节日、主题日)
		向公众表示感谢、祝贺
		表达企业对特定事件的态度或感受
	分享类	分享娱乐信息
		分享生活哲学
		分享实用技巧和经验
	指示类	说明活动规则
		请求或激励公众提供支持或反馈

一、信息披露

虽然企业历史、企业理念和价值观等这些相对稳定的信息多见于企业网站，但企业微博有时也会以简短的语句讲述企业历史、传播企业价值观。例如：

例1：In'93, Sam sent faxes to all the major coffee companies to share the story of his coffee.Only one company replied.（星巴克2月1日）

例2：We're giving $3M in@googleorg grants to support 4 organizations working to end racial bias https://goo.gl/Iu7s87（谷歌2月26日）

例1讲述了星巴克的一段企业历史。1993年，印尼苏门答腊的一位咖啡磨坊主Sam Filiaci刚刚开始做咖啡生意，他向所有主要的咖啡公司发传真分享他的美味咖啡的故事，但只收到星巴克一家公司的回复，此后他一直是星巴克的供应商。这个故事的完整版曾载于星巴克企业博客（Starbucks Coffee Blog 2015），此时在微博重新发布其概要，使更多受众了解了星巴克的企业历史。该微博还传播星巴克的企业价值观：愿意关注个体、支持发展中国家的小规模农场经济、帮助改善落后社区居民的生活和医疗条件、坚持精选高质量的有机咖啡豆等。例2披露谷歌捐出300万美元，支持四家致力于消除种族偏见的组织，传播、分享谷歌公司认同种族平等的价值观。

二、成就分享

企业通过微博平台向公众实时报道企业社会责任活动、企业赞助或参与的各类活动等，使公众更多地了解企业，拉近与公众的距离。以下例3和例4即两家企业对相关活动的报道，例3中谷歌报道了当天协办的一项艺术展，其中时间和地点标记语 Today 和 in SF 传达出明显的时效性；例4是星巴克对于近期优惠活动的预告，其中时间标记语 coming soon 也具有相似的功能。两例中末尾的超链接为受众提供了一个选择，有兴趣的用户可以单击链接了解活动详情，但即使用户不去进一步了解，两条微博中超链接以外的内容已经完成了报道和预告的言语行为。

例3：Today in SF, we're co-hosting an exhibit on the art of neural networks: http://goo.gl/N5d3UQ(谷歌2月26日)

例4: Inspired by our#1 customer request—the new Starbucks Rewards program, coming soon!http://sbux.co/1Q4j Rc(1星巴克2月22日)

企业还常发布与企业产品信息有关的微博,与传统广告类似,宣传企业的新产品、新服务或产品的新功能。例5介绍了谷歌新产品功能Download Your Data的功能,例6特别描述了星巴克的冬季冰茶。

例5: Now with Download Your Data you can copy your Google content to Dropbox&Microsoft One Drive https://goo.gl/PQm9KX(谷歌2月25日)

例6: Winter iced tea is just like regular iced tea+gloves.#Iced Tea(星巴克2月10日)

例7的成就分享形式更为特别,是以即将到来的奥斯卡颁奖典礼为契机,以建议或邀请的口吻向公众推荐谷歌公司搜索产品Google Trends以了解奥斯卡奖被提名者的最新人气趋势。在语言形式的选择方面,例7开头的问句与公众关注的实时话题建立联系,由此设定企业产品的可能需求场景,再用"follow"祈使动词提出建议或邀请用户使用其产品,并提供链接以供受众了解详情;同时为"The Oscars"添加了话题标记#,增强了该微博与这一公众话题的关联度。这三条微博在内容方面与普通广告十分类似,但在语言和符号形式层面使用了新媒体平台特有的资源,特别是超链接和话题符号#。话题符号#也是超链接 的一种,单击后可以看到与该话题有关的其他微博。以上四例中的超链接都是经过简化的,为推特平台所特有,旨在缩短链接在微博中所占的字数。

例7: Which nominees are winning#The Oscars race on search? Follow along with@Google Trends: https://goo.gl/r WVri I(谷歌2月28日)

除企业活动、企业产品是企业的"成就分享"外,顾客的口碑也是企业重要的无形资产,而微博平台所提供的转发功能使企业能够及时发现并转发其他用户的微博。从本研究的语料来看,此类转发微博构成了企业微博中言语行为的一个重要次类，其句子形式常常为陈述式，比如：

例 8：@Starbucks I don't know what angels eat for breakfast, but I wouldn't be surprised if it was your new chorizo and egg sandwich（星巴克转发2月17日Patrick Shanley的微博）

例 9：THE SMOKED BUTTERSCOTCH LATTE IS REALLY GOOD. I REPEAT, THE SMOKED BUTTERSCOTCH LATTE IS PERFECTION.@Starbucks（星巴克转发2月11日Kaitlyn Lopez的微博）

例 10：What Google learned when it tried to build the perfect team http://nyti.ms/1WL442z（谷歌转发2月25日The New York Times 的微博）

例7和例8是星巴克转发的两位用户的微博，二者都是用户使用星巴克产品后的积极体验，被星巴克融入企业话语时即成为典型的"客户证言"（consumer testimony）。企业采用转发用户微博这种方式来再现客户证言能够凸显顾客体验的真实性和自发性，从而使其更具可信度。例10所表达的言语行为相当于谷歌告知受众"《纽约时报》报道了谷歌的团队建设经验，欢迎大家收看"，但通过转发《纽约时报》的微博完成这一言语行为显然比直接通过自己微博告知受众更易于被接受，大大降低了自夸色彩。

三、与公众的日常互动

企业微博中与公众互动的关系言语行为最重要的一类还是模仿日常人们、朋友间的互动行为，如对公众致以问候，包括在平日、周末、节假日、各类主题日等时间点上对公众表达问候、祝愿、祝福。以下两例分别是谷歌在中国春节和情人节时为受众送上的祝愿。例11中使用了Emoji表情符号"猴子"，呼应"猴年"，同时充当了其所在小句句末的标点符号（感叹号），增加了该微博的趣味性；末尾的话题符号#Chinese New Year 增强了该微博与其他与中国春节有关的微博的关联度。

例 11：Wishing you all good luck in the Year of the Monkey[Emoji Monkey]Happy#Chinese New Year!(谷歌2月8日)

例12:Happy Valentine's Day!#Google Doodle(谷歌2月14日)

当然,此类问候或致意并不局限于“Wishing you all…”和“Happy…”等固定表达,企业微博也借各类节日或主题日之“势”通过向公众发出提醒、建议等行为送上个性化的问候。请看以下三例:

例13:Show your online accounts some Valentine's love:give them stronger passwords.https://goo.-gl/yj5KOZ(谷歌2月13日)

例14:Remind your Valentine that they're brew-tiful! http://sbux.co/ 1O3Nx AE#e Gift#Starbucks Card(星巴克2月13日)

例15:!7's 5@f€r!nt3rn3t d@y.G0od€xcu5e 2 c0m£up w!th 57r0ng€rp&5sw0rd5.#5@f€r!nt3rn3t-d@y(谷歌2月9日)

谷歌在情人节(2月14日)到来之际,发布例13所示微博提醒用户为他们的各类账号设置更安全的密码,将这种行为比作是对账号表达爱意,从而将该言语行为与时间语境之间建立关联,表达对受众的关心,也使其提醒或建议更容易被受众接受。此外,星巴克也在情人节临近时发布例14所示微博,提醒或建议受众赞美自己的爱人,其中以brewtiful代替beautiful的有意误拼或双关建立了言语行为、语境、产品之间的关联。该微博末尾的两个话题符号(#e Gift和#Starbucks Card)又在言语行为和企业产品之间建立了关联,实际是在推销星巴克公司推出的情人节卡片产品。企业微博的另一类表达行为与特定事件相关,包括企业对受众在相关活动中的支持和贡献表达感激、对参与者取得的成绩表示祝贺、对公众关注的事件表达自己的意见或态度等。

又如,例16是星巴克对参与招聘会的受众表达感谢;例17套用了奥斯卡获奖感言的常用致谢语“We'd like to thank…”,对美国电影艺术与科学学院采用3D打印技术的做法表示认可和赞赏。

例16:Thanks to everyone who joined us in LA for the hiring fair.More than 1,000 new jobs offered! http://sbux. co/1RTp ZFu#Hire Opportunity

Youth（星巴克2月19日）

例 17：We'd like to thank the Academy（… for 3D-printing this year's#Oscars from the original 1929 statue）（谷歌2月28日）

除了表达行为类外，企业微博另一个模仿日常与朋友互动的行为类为分享类，可以是分享娱乐信息、分享生活哲学或分享实用技巧和经验。企业微博分享娱乐信息的关系言语行为如例18，分享生活哲学如例19。

例 18：@Lady Gaga's Little Monsters are feeling patriotic.#SB50#Google Trends（谷歌2月7日）

例 19：When life gives you lemons—make'em dance. The new#Citrus Green Tea Frappuccino is here：）（星巴克2月16日）

例18是谷歌就美国流行歌手Lady Gaga获邀在第50届美式足球决赛"超级碗"（Super Bowl 50）开场献唱美国国歌一事发布的微博。该微博使用Little Monsters（"小怪兽"）这一Lady Gaga歌迷/粉丝的专属昵称，拉近了与受众的距离，并通过feeling patriotic（"拥有爱国情感"）一词建立了与Lady Gaga所演唱曲目（美国国歌）的关联，而话题符号#SB50（Super Bowl 50）更将该微博与"超级碗"话题更紧密地关联起来，作为谷歌对该事件讨论的参与言论。在例19中，星巴克巧用柠檬比喻，分享了一种乐观积极的生活哲学：如果在生活中遇到困难或沮丧，让它们跳舞，将它们视为一种乐趣。

企业微博还与客户分享一些与产品相关的实用经验或建议，甚至自制某些产品的做法。比如，星巴克通过例20所示的微博向用户分享保持绿茶最佳口味的小窍门；还通过例22微博中的视频向顾客展示自制拿铁咖啡的详细步骤。例20开头的"Tea Tip"明示了该微博的言语行为，而这一小贴士的篇幅也完全满足微博的字数要求，因此无须有其他额外的符号手段。例21中的"How to"也是典型的祈使标记，但该微博想要传达的咖啡制作步骤很可能不是例20这样的篇幅就能讲完的，因而此例使用了超链接，引导有兴趣的受众单击链接观看视频。事实上，例21中用来引导超链接的冒号也具有祈使式的功能，相对于祈使句“Click the link to see（how to make…at home）”。

例20：Tea Tip：To protect the delicately smoky-sweet flavor of your#Green Tea，remove the tea sachet after 2－3 minutes（星巴克2月25日）

例21：How to make an instant butterscotch latte at home：http：//sbux.co/1Txe GCV（星巴克2月24日）

最后，企业微博另一个模仿日常与朋友互动的行为类还可以为指示类。企业经常举行各种线上和线下的活动，并借助微博发布与活动有关的信息，如报名步骤、活动规则等。例22首先邀请和鼓励受众来参加谷歌公司主办的谷歌科学展，末尾的“Get started”及其后所附的超链接旨在引导、指示受众点击链接了解详情或开始报名参加。该微博中使用的Emoji表情符号“地球”，增强了该微博的趣味性，也呼应了企业活动的趣味性。例23以简洁的祈使句发布了星巴克的一项午餐优惠活动规则并指示公众参加。

例22：Your bright ideas can make the[Emoji Globe]a better place. #Google Science Fair is back!Get started→http：//googlesciencefair.com（谷歌2月23日）

例23：Bring your morning receipt back after 11am on the same day to get a lunch item for$4，now through 3/6（. US Only）（星巴克2月25日）

从分析可见，企业微博话语中的言语行为多样，推动了企业的拟人化，使得企业形象变得更加生动、鲜活，促进了企业-公众关系的发展。笔者将这些多样的言语行为归类为三种：信息披露类、成就分享类以及公众日常互动类。

在构成言语行为的语言及符号特征方面，企业微博大多顺应新媒体空间的话语习惯，在实施言语行为时有意识放低自己在其他媒介上正式、严肃的话语风格，频繁使用转发、链接、话题符号#、Emoji表情符号等资源和手段，营造企业微博空间相对轻松、亲切的话语基调，将自己作为受众的“朋友”，积极寻求与受众的互动。同时，语言及符号资源的使用在多数情况下巧妙地建立起言语行为、语境、企业产品之间的关联，促进了企业微博话语的时效性和代入感，提升了传播效果。这些特征将企业微博话语与企业年报、社会责任报告、商务信函等传统的企业传播体裁区别开来，凸显了企业微博对建构企业的亲和力的重视。

第三节　社交媒体沟通策略

一、国外跨国公司

（一）必胜客欢乐餐厅

必胜客（美国）是匹萨快餐领域的领先者，2011年在中国开通了官方微博——必胜客欢乐餐厅。必胜客线上官方微博为线下活动的开展提供了良好的宣传平台，同时收集网友意见建议并进行回复，成为越来越重要的沟通渠道之一。

经过50多年的发展，必胜客餐厅已成为全世界最大、最好的披萨连锁餐饮企业，在世界上超过100个国家和地区开设了13500多家分店。1990年必胜客在北京建立中国第一家餐厅，时至今日，必胜客在中国已建立了800余家连锁餐厅，分布于200余个城市。由必胜客率先引领的“欢乐休闲”饮食观点受到消费者的支持，必胜客因此成为休闲餐饮业的领头羊。

2011年1月，必胜客中国以“必胜客欢乐餐厅”为名开通了企业认证微博。5年时间里，必胜客欢乐餐厅共计发布微博4000多条，获得粉丝关注100万人。据微博风云统计数据显示，必胜客欢乐餐厅从2011年1月6日至2016年3月13日，平均日微博数2.1条/天，最近一周平均日微博数3.3条/天，微博原创率达到86%，在餐厅行业的认证微博中排名前100。必胜客欢乐餐厅微博主页设置了流动广告栏、视频窗口、友情链接等在线图文广告宣传版块，主页的头图不定期根据主推商品更换。整个页面所体现的不仅有必胜客的产品和活动推荐，更有与粉丝关于饮食文化的交流和反馈。微博主页的建立，增大了必胜客品牌在社交网络上的出现频率，拓宽了和粉丝的交流渠道，为品牌文化增添了更多的含义。必胜客欢乐餐厅的关注者分为企业官方认证账号（蓝V）、个人认证账号（黄V）、其他个人账号等三类。其中其他个人账号占比最大，企业官方认证账号仅占极小的部分。

为了研究方便，主要以必胜客欢乐餐厅在2015年第四季度发布的微博内容为观察点。在此期间，必胜客欢乐餐厅官方微博共发布228条微博（含转发内容28条），平均每天发布2.5条。必胜客欢乐餐厅的微博内容分为"纯文字""单图+文字""多图+文字""视频+文字"以及转发的微博等。必胜客欢乐餐厅官方微博形式多样，内容丰富，涵盖了新品介绍、促销活动、美食文化、店铺展示等多方面信息，加之网络名人的转发帮推和众多粉丝的良性互动，形成了良好的微博营销氛围。每月的活动都引起了大家的广泛关注。根据转发和评论数，2015年10～12月，每个月关注度最高的微博如下：2015年10月25日发布的万圣节活动预告，前缀标签#快到必胜客碗里来#是主要宣传语；2015年11月12日发布，时间为"双11购物节"的第二天，主要内容为结合"双11"的代金券互动活动。标签为#让必胜客来守护你的钱包#；2015年12月15日发布的#必胜客新年新熊装#的活动推广。限时销售的泰迪熊爱心套餐加入了公益的元素，每销售一份泰迪熊公益套餐，必胜客会向中国云南和贵州的贫困山区的孩子捐献3份爱心营养餐，既体现了企业的社会责任，也动员了大批爱心人士的热情。对2015年10～12月的必胜客微博沟通活动进行分析，可知必胜客微博沟通策略具有以下特点。

1. 保持一定的活动频率

微博上的活动主要有两类：一是独立的线上活动，例如粉丝抽奖、粉丝红包等基于微博互动功能的活动；二是与线下活动相呼应，如新品试吃抽奖、上传用餐照片获取折扣的活动。无论是哪一种活动，都对微博推广起到了良好的作用，既维系了当前粉丝，又增大了微博曝光率，从而吸引更多粉丝。微博的活动频率为平均每月1~2个主要活动，围绕主要活动，穿插一些周边相关活动，与粉丝形成良好的互动氛围。

2. 利用名人效应

在必胜客欢乐餐厅的微博中，常常可以看到名人的影子，无论是演员、歌手、漫画家，甚至网络红人，都在微博中和美食互动，推广必胜客餐饮品牌。在开展活动的同时，邀请微博营销大号进行推广，可以扩大信息传播范围，引起更多讨论和关注度。最近的活动是邀请“爱分享大使”胡歌，吸引了更多的消费者参与活动①。

3. 多平台整合沟通

多平台整合沟通，有利于向消费者传播清晰、一致的信息。必胜客中国整合官方网站、微博、微信、官方APP以及其他社交媒体平台账号的联动。这有利于扩大影响面，提高营销效率。

概括而言，必胜客通过微博沟通达到了以下目的：第一，通过微博上发布有关线下活动信息，其传播时机更加精准、及时传播以上三个活动，都是在活动开展当天下午才在微博上发布的，以便关注者看到活动信息，立刻可以参加，避免了被其他微博上繁杂以及碎片化的内容冲淡印象，影响活动效果。而下午又是微博用户最活跃的时段，在这一时段进行宣传增大了曝光力度。而且在活动的前一天线上说明活动方式，可以让活动进展得更加顺利。尤其是许多促销活动，微博可以配合重大节日活动进行线上精准传播。第二，合理利用微博后台

①王金成. 基于社交媒体的商家销售策略的选择与优化问题研究[D]. 陕西：西安电子科技大学，2014.

的多种功能，如微博粉丝抽奖平台、粉丝自动回复等主页工具以及内置应用，可以更好地发挥微博沟通作用。必胜客采用建立话题进行集中讨论，利用名人效应邀请名人转发，设立激励转发或评论抽奖等多种方式提高关注者的积极性，提高了沟通效果。必胜客微博在其粉丝维系和品牌宣传中，起到重要作用。官方微博，极大地促进了品牌和广大消费者的交流，为必胜客在中国的发展壮大起到了重要作用。用户通过微博实时收取信息以及参加互动，将口碑营销的范围进一步扩大。

微博作为国内重要的社交媒体平台之一，拥有大量的活跃用户和社交宣传资源，对微博进行合理开发和利用，对企业进行有效营销沟通意义重大。必胜客通过微博沟通，发布相关活动信息时机更加精准、及时；合理利用微博后台的多种功能，更好地发挥微博沟通作用，可以活跃微博氛围，维系粉丝群体。尽管必胜客微博粉丝数量已经达到100万以上，跟消费者进行了有效的沟通，但是仍有空间提升营销效果。例如，必胜客可以和其他非餐饮品牌进行更深入的合作，对品牌进行全方位推广可以达到双赢的作用，例如吸引更多的粉丝关注、拓宽品牌曝光渠道、提高消费者接触频率，更好地进行品牌推广。除此之外，因为微博移动端的普及，许多年轻人愿意通过手机刷微博信息，认为微博信息及时性很强，因此，挖掘好的话题，可以吸引年轻人，提高品牌关注和线下活动参与度。

（二）巴宝莉

巴宝莉（英国）的微信公众号会定期为用户推送最新产品、广告和T台信息。还提供一对一的客服咨询，用户可以直接通过微信平台向客服打电话，也可以直接在线与客服交流。巴宝莉充分利用了微信平台的一对一特性，微信客服弥补了品牌通过电子邮件营销在中国的不足，微信在中国可取代电子邮件和电话成为客户关系管理渠道。在巴宝莉的微信公众号里，还为消费者专门设置了两款可以定制的商品。

其一为巴宝莉Scarf Bar系列围巾，这款围巾特地为消费者提供了姓名缩写定制服务，可以让消费者给自己或是心爱之人打造独一无二的专属礼物。其二则是“My Burberry”香氛系列，顾客可以在购买时选择在香水瓶身上面刻上自己的名字。

（三）路易威登

路易威登在进行微信营销时，充分利用明星代言，以此向消费者宣传自己的品牌形象，并让喜欢明星的消费者更多的关注品牌最新的产品和资讯。2016年路易威登通过微信公众号向关注品牌的用户推送了一条微信语音消息，而当用户听取消息时，便会惊喜地发现与用户互动的竟然是井柏然，对于喜欢他的粉丝自然就会对品牌产品产生兴趣。事实证明，通过明星代言的确是品牌营销的最有效方式之一，而路易威登的明星代言以微信消息的形式直接推到用户信息中，更加增加了与消费者的互动。

（四）香奈儿

香奈儿（法国）在其微信公众号中，不仅设置了在线购买通道，让用户可以直接通过微信进行商品购买。还为用户提供了精准的定位服务，用户只需要将自己的位置通过微信发送给香奈儿，便会收到及时的反馈信息，能够详细清楚地查看身边附近的香奈儿门店信息。透过品牌产品宣传和活动宣传，将用户引导至线下门店，进而能够让用户转化率提高。

（五）阿玛尼的在线展览空间

在阿玛尼（意大利）的微信公众号中，“在线展览”模块为用户提供了全新的体验模式，让用户可以在线参观位于意大利的阿玛尼展览空间。用户可以左右摇晃手机调转视角，能够看到展览空间的不同产品，相应产品还能够查看详细信息，还可以将喜欢的产品直接分享到微信朋友圈或是好友。加强了品牌与用户之间的互动，也让品牌能够有机会得到更为广泛的传播。

随着移动互联网与科技的发展，人们的消费观、消费行为和心理都发生了重大转变。尤其是在当下，微信在中国甚至其他国家的用户量不断增加，微信已不仅仅是人与人之间沟通的工具，也成为各大品牌营销的重要渠道，是品牌与消费者之间交流的平台。在互联网营销时代，一切都以消费者为中心，营销方式都要围绕着消费者的需求、消费习惯和消费场景来选择。社群营销对于品牌的微信营销策略是关键。根据马斯洛需求层次理论，人类的社交需求仅次于安全需求和生理需求，因此人们只要活着就渴望一种归属感。而微信打破了时间与空间的限定，让人们可以通过互联网找到自己的归属社群。跨国公司恰好可以利用最前沿的科学技术通过微信将品牌文化、产品等内容用创意的方式传递给用户。利用“蚂蚁战术”，有的放矢，先让部分用户感受到品牌给予客户的关注，在潜移默化中将品牌文化、品牌价值植入到消费者的思维当中。逐渐让品牌关注者成为品牌传播者，将品牌透过微信朋友圈或是微信群大范围传播。进而真正实现微信社群营销。

跨国公司可以从以下几种沟通策略着手开展全新的社交媒体互动营销模式：①VR 广告，让用户以主角的视角去感受品牌特质。②虚拟试用，直接将线上用户转化为消费者。③在线直播，可以让明星参与互动直播、与用户在线交流、加强用户的参与度与转发率。快节奏的生活让人们难以有时间专注地阅读，因此跨国公司品牌的传播和客户忠诚度的提高都面临巨大的挑战。品牌如何通过微信营销用户情感和消费行为，让产品与客户产生共鸣，给客户带来难忘的用户体验，已成为微信游戏营销的关键，即增加游戏化互动，加强客户参与度。

通过对各类品牌微信公众号游戏的体验和调研，总结出微信游戏营销应具备的几点特征：①操作简单。微信游戏营销不仅要有创意，还要让用户容易上手体验。通过简单的游戏页面，即可让用户一目了然活动的主题和内容，也能有便于体验和分享。②好玩。好的游戏应该让用户一上手玩,就会被深深地吸引。无论何时何地,用户都能够体验游戏的乐趣。当用户成功后,还可以通过"通知好友",将游戏分享给自己的朋友。在无形当中,让品牌拥有了更多的用户关注。③好的寓意。一款游戏蕴含美好的寓意也是至关重要的。万宝龙在其微信平台曾推出一款在线互动游戏——"大班"。万宝龙品牌赋予"大班"的寓意为一名成功人士在生活中展现出他/她的优雅、自信,是生活的引领者。这款游戏通过让用户上传自己的照片,并由其他用户决定你是否是属于一位"大班"。活动已经上线,立刻引起了粉丝们的参与与分享。④稳定性。用户在玩游戏时最注重的一点就是游戏的稳定性。如果在用户体验游戏的过程中,出现了错误信息、运行缓慢的情况导致用户不能顺畅地体验,不仅会影响用户的心情,也会让品牌形象受损。因此,游戏必须能够给用户心情愉悦的体验。

GIF(Graphics Interchange Format)本意是"图像互换格式"是在1987年创造的一种图片格式。GIF图在社交媒体的沟通中有如下优势:①用GIF图来做广告宣传很容易吸引注意力,品牌可以用GIF图展示产品多方面的特点,承载信息量大,内容丰富。②GIF图片可以占用文章很少的篇幅,但能够做出更多展示。③GIF图片可以制作成无损压缩模式,这样也不必担心会影响产品展示的效果。④GIF图更加容易影响消费者的心理。根据调查显示,大部分消费者在购买时都是出于一时冲动。通过GIF动态广告,将产品信息一次一次反复传达给消费者,会让消费者在不自觉中产生积累和联想。消费者会逐渐对广告所表达的信息产生兴趣,进而将增加消费者的购买倾向。

此外,据微信公布的2015年微信自媒体调查报告显示,微信公众号用户每天在微信平台上平均阅读7篇文章,而用户平均阅读时间仅为85秒。这就意味着品牌必须在极短的时间里将品牌核心内容展现给用户,并且能够给用户留下深刻印象。所以,跨国公司品牌的微信众号便可利用GIF图来节省文章篇幅,并让产品信息反复展示给关注者。在增加用户阅读趣味性的同时,也能提高从用户到消费者的转化率和品牌传播的效率。

微信让消费者获取信息的渠道越来越广泛,消费者的消费心理和消费习惯也随之改变。品牌透过微信公众号与消费者进行良好有效的互动,是实现品牌营销的关键,更要利用微信公众号的数据分析功能,了解用户的阅读偏好,进而能够有效帮助跨国公司品牌及时调整互动营销的策略。

与此同时,借助热门的新兴技术手段,例如VR、在线直播等,能够带给用户全新的品牌体验。在面对中国消费群体时,跨国公司品牌的微信营销策略还要注重迎合中国消费者的消费心理和微信使用习惯。分析用户最为喜好的微信内容与使用频率最高的功能,将品牌营销与之结合,能够拉近用户与品牌之间的距离,增强品牌黏性。再将线上与线下营销结合,让品牌文化、价值在潜移默中影响用户的消费心理,最终将用户转化为消费者。

微信营销对于跨国公司而言,既是机遇也是挑战。面对庞大的微信用户,需要找到目标用户,才能实现精准营销。这就要求品牌必须建立优秀的微信营销团队,才能让用户对品牌的忠诚度提升。尽早适应中国奢侈品市场和消费者的特点,制定符合微信用户特质的互动营销策略,才能成功实现跨国公司微信互动营销。

二、国内跨国公司

(一)阿里巴巴

阿里巴巴主要是自己发布推文和转发自己发布的推文,包括转发品牌所拥有的其他一系列账号发布的推文。推文形式虽然以文字+图片为主,但是其他形式也有所涉及,传播形式较为多样。阿里巴巴发布的推文内容倾向于品牌宣传,如品牌领导人马云参加的活动和演讲的内容、新产品和新技术的发展情况、与名人和国外名企的合作等内容。跨文化传播方式含有明显的中国元素,通常是以中国文字和人物的形式出现在图片、视频和纯文本中。但点赞、转发和评论的数量仍然较少，品牌的国际影响力较为薄弱。点赞、转发和评论数较高的，一般是与国际明星的互动和带有热点话题的视频等内容的推文。阿里巴巴的传播内容应该多与国际接轨，站在国外用户角度上的同时，将中国文化融入国际传播中，实现中西方多元素的融合传播。

（二）中国银联

中国银联相较于阿里巴巴而言，在国际上的品牌影响力更弱。不管是从消息来源、推文形式和推文内容来看，都较为单一，推文内容主要是宣传银联与其他品牌或行业合作，或者是在各个国家的发展情况，与用户互动的情况较差，不太注重双向传播，给人一种“自说自话”的印象。虽然国际元素很多，但是中国元素体现得不明显。选取的样本中，出现的互动情况较好的推文，其内容主要是与明星的互动以及与大热趋势产品的合作等。

（三）中国国际航空

通过对中国国际航空在Twitter上发布推文的分析，可以发现中国国际航空主要采用自己发布的文字加图片的形式发布Twitter信息，消息来源比较丰富，推文形式较为单调。其发布的推文内容主要用于品牌宣传，包括日常推出的特价机票、机票折扣等内容。此外，还会发布一些国外的名人名言、心灵鸡汤等内容。

中国国际航空作为中国唯一的载旗航空公司，基于国外社交媒体的传播中，能够主动将中国文化运用到发布的短消息中，含有明显的中国元素，尤其是发布推文的配图中，经常带有中国元素符号，如中国的文字、城市、人物、建筑、节日等，内容丰富且多样化，对于传播中国优秀传统文化具有重要意义。但是从另一个方面恰好也说明中国国际航空缺乏本地化意识。

此外，中国国际航空与国外社交媒体的用户互动较少，发布的内容不能引起用户的共鸣，用户关注度较低，因而推文的点赞数量、转发数量和评论数量都很少。中国国际航空在国外社交媒体上的传播，没有充分利用好社交媒体的双向传播功能，仍然处在传统媒体的单向传播思维中。总体而言，中国国际航空在国外社交媒体 Twitter 上的传播影响力存在明显的不足，品牌的国际影响力较为薄弱，传播策略和方式有待优化。

通过对中国国际航空、阿里巴巴和中国银联三家中国跨国公司的研究，以及与国外现代服务品牌的对比分析，发现中国在国外社交媒体 Twitter 上的现有的传播和沟通策略主要表现在：第一，中国跨国公司基于 Twitter 发布的消息，其来源渠道较为丰富多样，以品牌自身发布推文为主，其他消息来源为辅，这对当前中国现代品牌在国际中的处境而言，能够扩大中国跨国公司在国外社交媒体上的传播范围，也有利于拓展潜在用户的范围和受众群体。第二，中国跨国公司在国外社交媒体上的传播形式和内容过于单一，推文形式主要是文字+图片的形式，推文内容则是注重对品牌的宣传，而品牌宣传的内容又主要集中在品牌合作、品牌发展动态等内容，缺乏与用户进行交流互动的话题内容。中国跨国公司在国外社交媒体上过于生硬、单一的传播内容和方式，并没有将社交媒体双向互动的作用发挥出来。第三，中国跨国公司在国外社交媒体 Twitter 上发布的推文，其跨文化传播方式都以含有明显中国元素为主，不管是文字、图片还是视频，都或多或少的含有中国的元素符号，比如中国的城市、人物、节日、传统文化等内容，在国外社交媒体的传播中注重输出中国文化。第四，中国跨国公司在国外社交媒体 Twitter 上发布的推文，点赞数、转发数和评论数都很少，即使是目前国际化发展较好的阿里巴巴，在与国外现代服务品牌亚马逊相比时，传播效果和用户互动较差的劣势十分明显，因而容易形成“不管你感不感兴趣，我只负责发消息”这样一种不注重与用户交流的僵化现象，使得传播效果越来越差。

(四)国内跨国公司的在社交媒体沟通上面临的问题

综合阿里巴巴、中国银联和中国国际航空这三家中国跨国公司在国外社交媒体 Twitter 上的跨文化传播以及他们与国外现代服务品牌的对比研究,发现中国跨国公司的在社交媒体沟通上主要面临以下几个问题。

1. 互动意识差,传播内容和形式缺少新颖度

中国跨国公司的发展起步较晚,品牌的国际化意识同样出现得较晚,因而使用国外社交媒体的时间既晚又短,关注者相对国外跨国公司来说也较少。中国企业对国外社交媒体用户的兴趣和使用习惯并不了解,因此传播形式和内容就显得较为单一。社交媒体,注重的是一种双向传播互动的方式,品牌只有与用户进行交流互动,才能发挥社交媒体的最大作用。然而中国跨国公司在国外社交媒体上的传播,缺少和用户进行互动的内容,过多地进行单方面的输出,互动意识差,不能发挥基于网络平台的“人际传播”的作用。

中国跨国公司对国外社交媒体的重视度较低,不注重与用户互动。基于社交媒体的互动很容易影响用户对品牌的认知度和考虑度,如果互动意识差,就导致国外的用户选择自己所熟悉的产品和服务,甚至是自己所知道的品牌,这会影响中国跨国公司在国际上的认知度,进而影响中国公司在国际上的传播和品牌影响力。

2. 缺乏国际思维和本地化意识

中国跨国公司在国外社交媒体上的传播,缺乏国际思维和视野,缺乏本地化意识,只是将国外社交媒体的传播看作是一种“任务”,虽然使用英文发布消息,但是传播内容并不符合国际用户的思维和习惯,仍然是站在中国消费者的角度上进行的对外传播。中国跨国公司大多只有一个官方的国外社交媒体账号,没有针对不同国家或地区开设不同的账号,也没有针对性地提供服务。而在这一点上,部分国外跨国公司就做得比较好,像亚马逊在 Twitter 上就已经针对不同国家开

设了不同的账号,比如Amazon.co.uk,Amazon India News,此外还有一个提供多种语言服务的Amazon Help账号,为不同国家消费者解惑答疑。中国跨国公司在国外社交媒体的传播中,本土化意识并不强,生硬地运用中国元素进行跨文化传播,造成国外用户的混乱和不理解。不同国家的语言环境有很大不同,更重要的是不同国家的文化背景存在着很大的差异,如何基于Twitter平台更好地进行跨文化传播,将品牌文化、中国文化和西方文化融合传播,是中国品牌亟需思考的问题。

3.传播效果差,品牌影响力较弱,国际传播阻碍重重

由于国外品牌发展较为成熟,在国际上占据领先的地位,占有较大的国际市场份额,其品牌认知度、美誉度、口碑和影响力都比较大。在这种现状下,中国跨国公司走向国际就存在着很大的阻力。作为国外电商"龙头"的亚马逊在Twitter上发布的推文,每一条都有很高的点赞、评论和转发量,说明用户在时刻关注着亚马逊的动态。反观之,国外用户对于中国跨国公司在国外社交媒体上发布的推文兴趣不大,关注度不高,互动情况较差,这表明中国跨国公司当前在国际上的品牌影响力弱的问题。

造成品牌影响力弱的一个原因是中国跨国公司在国际上的品牌意识不够强,没有一个简洁明了的英文名称和品牌口号,缺乏在国际传播中的核心品牌理念。虽然中国跨国公司在国内发展较好,品牌影响力也相对较高,但是对于国际传播的品牌意识不足,以及已有的国外跨国公司强大的品牌影响力,这些都会制约中国跨国公司在国外社交媒体中的传播和品牌影响力的提高。

4.创新力不足,服务质量不高,缺乏国际高素质人才

当一些国外品牌已经发展到成熟阶段时,不少中国品牌才刚起步;当国外品牌已经将高品质服务提高到战略位置时,中国跨国公司还停留在产品的生产上;当科技成为国外品牌的核心竞争力时,中国品牌的创新意识还不强。如今,信息科学技术发展迅速,技术已成为

衡量商品好坏的重要因素，中国跨国公司对高新技术和人才的投入较少，自然产值较低，附加值也较低，品牌竞争力明显不足。中国跨国公司缺乏高素质的国际人才，在国外社交媒体的传播中，仍然以中国员工为主，不利于传播内容的国际化。

5. 大部分中国跨国公司的国际化意识比较薄弱

许多跨国公司没有国外社交媒体的官方账号，甚至包括在国外发展较好的中国跨国企业，如中国工商银行、中国人寿保险等，这就造成了中国跨国公司在国外社交媒体上的传播，呈现不均衡的现状，容易忽视国外消费者对品牌的印象和反馈，增加了走向国际化的阻力。

针对中国跨国企业在社交媒体上的沟通困难，笔者认为，中国跨国公司未来在社交媒体传播沟通过程中可以从以下两个方面入手。

(1)加强自主创新能力，提升服务质量

中国跨国公司的发展离不开技术的支持，自主创新能力的提升，反过来又能促进商品质量的提升，提高其竞争力。尤其在当前中国跨国公司在国际上的影响较差的背景下更应该引进高素质的国际人才，建立属于自己的高素质人才队伍，提高自主创新能力，促进服务品牌的转型升级。中国跨国公司应该加强自身融合信息技术的能力，创新品牌的商业发展模式，推进服务信息化水平的提高，加快技术变革的速度，向知识化、信息化、专业化、智能化方向发展，从而提升品牌的核心竞争力，为中国跨国公司在国际上的传播积累实力，提高品牌知名度和影响力。

(2)转变思维，注重互动，增强本地化意识

已经在国外社交媒体上进行国际传播的中国跨国公司，需要转变传统的以国内消费者为核心的思想，针对不同国家的消费者，制定不同的发展战略，传播不同的品牌内容。中国跨国公司增加国外社交媒体的账号数量，根据品牌的发展方向和国外传播战略，开设以不同国家语言为主的账号，为不同国家或地区的消费者进行有针对性的传播

和服务，增强与用户的互动，打破文化冲突的壁垒，树立本地化意识和国际思维，正确高效地进行跨文化传播。

对于缺乏国外社交媒体账号的中国跨国公司而言，要树立国际化意识，拥有走向国际市场的目标和视野。中国跨国公司在进军国际市场的过程中，应该具备国际思维能力，借用国际思维与国外用户进行交流互动，注重口碑传播和双向交流，并且学会运用各种形式将中国文化融入国际传播中，在提升自身品牌影响力的同时，能够为构建正面的中国国家形象做出重大的贡献。

[1]艾兰．水之道与德之端：中国早期哲学思想的本喻（增订版）[M]. 北京：商务印书馆，2010.

[2]奥斯汀．如何以言行事[M]. 北京：知识产权出版社，2012.

[3]常晨光，陈瑜敏．系统功能语言学语域研究[J]. 北京科技大学学报：社会科学版，2011，27（3）：1–5.

[4]陈嘉映．陈嘉映•思想学术著译：说理[M]. 北京：华夏出版社，2011.

[5]陈向明．质的研究方法与社会科学研究[M]. 北京：教育科学出版社，2000.

[6]丁建新．叙事的批评话语分析：社会符号学模式[M]. 重庆：重庆大学出版社，2007.

[7]海德格尔．林中路[M]. 北京：商务印书馆，2017.

[8]胡壮麟．社会符号学研究中的多模态化[J]. 语言教学与研究，2007（01）：1–10.

[9]胡壮麟．语篇的衔接与连贯[M]. 上海：上海外语教育出版社，1994.

[10]黄光国．社会科学的理路[M]. 北京：中国人民大学出版社，2006.

[11]黄华新，陈宗明主编．符号学导论[M]. 上海：东方出版中心，2016.

[12]李洪儒．索绪尔语言学的语言本体论预设——语言主观意义论题的提出[J]. 外语学刊，2010（6）：17–24.

[13]林泉，邓朝晖，朱彩荣．国有与民营企业使命陈述的对比研究[J]．管理世界，2010(，9)：116-122.

[14]田海龙．语篇研究范畴、视角、方法[M]．上海：上海外语教育出版社，2009.

[15]汪涛，周玲，彭传新，等．讲故事塑品牌：建构和传播故事的品牌叙事理论——基于达芙妮品牌的案例研究[J]．管理世界，2011，(3)：112-123.

[16]王冬竹．语境与话语[M]．哈尔滨：黑龙江人民出版社，2004. [17]维特根斯坦．逻辑哲学论[M]．北京：商务印书馆，2017.

[17] 辛斌，赖彦．语篇互文性分析的理论与方法[J]．当代修辞学，2010(3)：32-39.

[18]辛斌．批评话语分析：批评与反思[J]．外语学刊，2008(6)：63-70.

[19]辛斌．批评语言学：理论与应用[M]．上海：上海外语教育出版社，2005.

[20]辛斌．辛斌语言学选论[M]．上海：复旦大学出版社，2007.

[21]徐通锵．汉语的特点和语言共性的研究[J]．语文研究，1999(04)：1-13.

[22]叶起昌．索绪尔与海德格尔语言观——本体论层面比较[J]．外语学刊，2011(1)：1-5.

[23]张丽杰．Austin 与 Searle 的言语行为理论[J]．重庆科技学院学报(社会科学版)，2007(6)：113-115.

[24]张绍杰．语言符号任意性研究：索绪尔语言哲学思想探索[M]．上海：上海外语教育出版社，2004.

[25]朱永生．功能语言学导论[M]．上海：上海外语教育出版社，2004.

[26]朱永生．话语分析五十年：回顾与展望[J]．外国语，2003，(3)：43-50.